고대 최고의
외교전략가

김춘추

고대 최고의
외교전략가

김춘추

지음 • 나카무라 슈야 | 옮김 • 박재용

역사공간

프롤로그

신라의 존속을 위한 김춘추의 외교

오늘날 한국과 북한, 중국 그리고 일본은 외교적 긴장관계 속에 있다. 한국과 일본은 자본주의를 중국과 북한은 공산주의 사회라는 각각 다른 체제를 유지하고 있다. 이러한 가운데 미국이 군사적 외교적으로 아시아 전체에 많은 영향을 미치고 있다.

중국은 자본주의를 부분적으로 채용하면서 눈에 띄게 경제발전을 보이고 있으며 한국도 꾸준히 자국의 기술을 발전시켜왔고, 최근에는 한류열풍까지 가세해 세계 전체로 시장을 넓히고 있다. 한편 일본은 제2차 세계대전 패망 후 재빠르게 미국적 자본주의를 도입함으로써 전후 피폐했던 경제를 회복하고 곧바로 경제대국으로 성장했다. 그러나 최근에는 정체국면에 빠져 있다.

예나 지금이나 동아시아 각국은 주변 나라와 경제적인 것뿐만 아니라 정치적 교류를 활발히 전개해 오고 있다. 이때 국가간의 접촉이 평화적으로 진전되던가, 적대적으로 되어 버리는가는 정치가의 외교력에 크게 의존하고 있다. 현대의 외교는 정보 외교라고 할 만큼 수많은 정보를 생산하고 수집하면서 자국에 유리하게 활용한다. 특히 동아시아 각국은 과거사의 경험으로 인해 언제나 정보력을 키우기 위해 안간힘을 쓰면서 미묘한 긴장관계를 유지하고 있다.

일찍이 동아시아에서는 현대와 같이 여러 국가가 외교적으로 긴장한 시대가 있었다. 바로 동아시아 전체가 커다란 격변기를 맞이한 7세기이다.

이 책은 7세기 동아시아사를 조명해보고 현대의 외교를 새롭게 바라볼 수 있는 기회가 되기를 바라는 마음에서 집필했다.

7세기, 중국에서는 당이 건국되고 한반도에서는 통일신라가 성립되었다. 일본에서는 다이카大化개신이라는 일련이 정치개혁이 일어났다. 이러한 동아시아의 정치적 변동의 원인은 수隋와 당唐의 중국 통일과 관계가 깊다. 새로 건국된 당이 앞으로 어떠한 움직임을 보일까? 여러 나라는 앞 다투어 정보를 수집하고 촉각을 곤두세웠다. 그러나 전쟁의 어두운 그림자가 엄습해 오는 것까지 막을 수는 없었다.

당의 표적이 된 것은 우선 고구려였다.

수의 양제煬帝 이후 고구려는 중국의 표적이 되어왔다. 이것만 보더라도 고구려는 강대국이며 중국에게 위협적인 존재였다는 것을 알 수 있다. 그러나 아무리 고구려라해도 수·당 두 왕조에게 계속해서 공격당하자 결국 나라가 피폐해지기 시작했다. 이에 고구려는 백제와 비밀리에 동맹을 맺고 남쪽의 안전을 꾀하게 된다. 이것은 백제에게 북방의 위협으로부터 벗어난 것을 의미하고, 신라쪽으로 진출할 수 있는 기회가 되었다. 그 결과 신라는 백제의 공격을 자주 받게 되었다.

한편 645년에 새로운 정권이 수립된 일본에서는 중국문화의 도입을 서두르고 있었다. 그러나 한반도가 전쟁의 소용돌이에 휩싸이자 중국으로 건너가는 것이 어렵게 되었다. 일본도 한반도 정세에 민감하게 반응하지 않을 수 없는 상황이 되어버렸다.

이 시기 신라는 왕실과 귀족들의 내부 항쟁으로 국력이 쇠약해져 있었다. 더욱이 백제로부터 공격을 받던 신라는 사실상 빈사상태에 이르렀다. 만약 신라에 김유신이라는 대장군이 없었다면 백제에게 항복했을지 모른다. 그러한 상황 속에서 기사회생의 기회를 잡고자 한 인물이 바로 김춘추이다.

김춘추는 왕족이면서 몸소 당·고구려·일본으로 건너가 각국의 동향을 살폈다. 고구려가 백제와 동맹을 맺고 있었다는 것을 알지 못했기 때문에 고구려에 유폐되는 쓰라린 경험을 겪으면서도 그는 외교활동을 멈추지 않았다.

결국 그는 당이 고구려 원정을 중단하고 백제를 공격하도록 방향전환을 시켰다. 또한 바다 건너 일본을 한반도의 전란에 끌어들이는 데도 성공했다. 여기에는 김춘추의 용의주도한 책략과 장기계획을 수행해내는 인내력과 결단력이 있었다.

    정치가의 독단으로 이루어지는 국가정책은 오래 가지 못한다. 오랫동안 실효성 없는 정책은 결국 파멸을 부른다. 춘추는 어떻게 해서 국민의 이해가 중요하다는 것을 알았던 것일까? 그것은 간단히 해명할 수 없지만, 아마 생각만 하는 것이 아니라 항상 행동에 옮긴 결과 알게 된 것이지 않을까?

    김춘추의 가장 큰 정책목표는 신라의 존속이었다. 이를 위해서는 신라가 반도를 통일해야만 한다는 판단을 내리고, 결코 무리라고 생각하지 않고 고난과 역경을 차츰차츰 극복해 나갔다. 그 과정에서 사랑하는 딸의 죽음을 직면하는 슬픈 일도 있었다. 그러나 그는 강인한 정신력으로 그것을 버텨내고 끝까지 해냈던 것이다. 한반도 통일을 직전에 둔 김춘추는 항복해 온 백제인을 후하게 대하였다. 이들이 결국 미래의 신라를 같이 이끌고 갈 사람들이었기 때문이다.

    이 책은 김춘추가 신라의 존속을 위해 어떻게 하면 신라의 위기를 극복하고 당의 정복야욕으로부터 벗어날 수 있을까? 그 치밀한 계획과 끊임없는 노력의 궤적을 찾아 묘사한 것이다. 김춘추의 정치력, 외교력을 독자들이 알고 금후 동아시아의 관계를 전망하는 데 도움이 되기를 간절히 바라는 바이다.

2013년 3월 1일 대한민국 독립만세기념일

中村修也

차례

| 프롤로그 - 신라의 존속을 위한 김춘추의 외교 | 4 |

김춘추의 활동

대야성의 함락	13
왕자와 충신의 만남	27
혼돈의 7세기	35
김춘추와 김유신	42
김춘추의 존재	50
일본에 대한 관심	61
김춘추의 일본 방문	71
가상 신라회의	85

신라를 둘러싼 동아시아의 정세

김춘추의 당 방문	99
백제의 멸망	107
측천무후의 등장	125
사이메이, 다시 왕으로 즉위하다	138
백제부흥군의 요청	148
일본, 백제구원군 파견	160
김춘추의 죽음	167

일본, 당의 수군과 백강에서 만나다

| 백강전투의 기록 | 187 |
| 백강전투의 여파 | 205 |

| 에필로그 - 동아시아 혼란 중의 선택기로 | 215 |
| **역자 후기** | 224 |

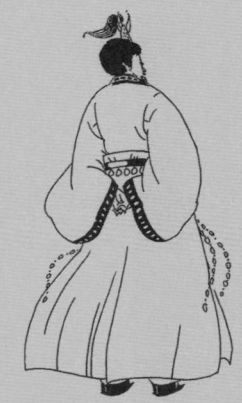

김춘추의 활동

신라 왕실은 두 여왕이 대를 잇고,
백제 의자왕은 그칠 줄 모르는 정복욕으로 나날이 신라에 대한 침공을 강화하고 있었다.
또한 고구려는 비밀리에 백제와 동맹을 맺고 당에 대항하고 있었다.
일본은 친당노선을 취하면서 한반도 삼국에 대해서는 불가침 자세를 취하고 있었다.
한편 대백제전을 위해 의지해야 할 당은 고구려를 정벌한 후에 한반도 전체를 지배할 생각이었다.

이러한 상황에서 김춘추는 어떤 책략을 가지고 있었을까?

대야성의 함락

　　　　　　선덕여왕 11년(642) 8월의 어느 날, 상처 입은 병사를 태운 말 한 마리가 흙먼지를 날리며 서라벌 대로를 달리고 있었다. 그의 옷은 여기저기 칼에 베여 찢기고 피를 흘리고 있었다. 성문을 지키던 병사들은 그 모습을 보고 어디선가 전투가 일어났다는 것을 직감했다. 말은 아무런 제지도 받지 않고 궁궐까지 내달렸다. 궁궐 앞에 이르러서야 수문병들에게 제지를 당했다.

"멈춰라! 말에서 내려라!"

그러나 먼 길을 달려 온 말은 속도만 늦췄을 뿐 멈추지 않았다. 오히려 궁궐 문 앞에서 흥분을 가라앉히지 못한 채 날뛰자 수문병들이 급히 달려들어 말의 고삐를 잡아 제지했다. 말 위의 병사는 이미 기절한 상태였다. 먼 길을 달려오느라 피곤에 지친 데다 많은 출혈로

의식을 잃은 것이다.

"어이, 이 사람, 대야성大耶城의 병사지?"

"맞아. 이건 대야성 깃발이야."

"의원을 불러라. 그리고 이 일을 춘추春秋 공에게 알려야 한다."

수문병들은 대야성이 습격받았다는 사실과 사태가 심각하다는 것을 알았다. 이 일은 즉시 김춘추와 선덕여왕에게 보고되었다. 이것이 대야성 함락사건의 첫 번째 보고였다. 의식을 되찾은 병사는 백제군이 대야성을 공격했다고 전했다.

백제는 무왕武王대 이후 신라를 빈번히 침공했다. 무왕은 신라와의 전쟁으로 생애를 보냈다고 해도 과언이 아니다. 이러한 무왕의 정책은 아들 의자왕에게로 이어져 642년 7월에는 의자왕이 직접 군대를 이끌고 신라를 침공하여 40여 성을 함락시켰다.

의자왕이라는 인물에 대해서 「백제본기」는 "용장·과감하고 담력·결단력이 풍부하며, 부모에게 효행하고 형제와의 우애가 깊다. 이에 사람들은 왕을 해동海東의 증자曾子라 불렀다."고 기록하고 있다. 의자왕은 아버지 무왕에게 뒤지지 않는 훌륭한 왕이었다.

의자왕은 당唐(618~907)나라로부터 왕위 계승을 인정받아 주국柱國 대방군주帶方郡主 백제왕으로 책봉되었다. 이에 의자왕은 641년 8월에 당에 사신을 파견하여 감사의 뜻을 전하고 토산물을 건넸으며, 이듬해 정월에는 새해를 축하하는 사신을 파견했다. 그리고 2월에는 국

들여다보기

백제 무왕 재위 기간(600~641) 중 신라 침공

602년 8월   신라의 아막산성을 포위
605년 8월   신라가 동부 변경을 침략
611년 10월 신라의 가잠성을 포위하여 성주 찬덕을 죽이고 성을 무너뜨림
616년 10월 신라의 모산성을 공격
618년   신라 장군 변품이 가잠성을 탈환
623년 가을 신라의 늑노현으로 출병
624년 10월 신라의 속함·앵잠·기잠·봉잠·기현·용책 등 6성을 탈취
626년 8월   신라의 왕재성을 공격하고 성주 동소를 살해
627년 7월   신라 서부 국경의 두 성을 함락하고 남녀 300여 명을 포로로 삼음
628년 2월   신라의 가잠성을 공격
632년 7월   신라로 출병
633년 8월   신라의 서곡성을 함락시킴
636년 5월   신라의 독산성을 공격했지만 옥문곡에서 패배

내의 각 주州·군郡을 순시하며 백성을 위무하고 사형죄 이하의 죄인들을 사면했다.

국내를 정비한 의자왕은 642년 7월, 직접 군대를 이끌고 신라로 출병하여 미후성獼猴城을 비롯한 40여 성을 탈취했다. 새로운 왕이 즉위하자마자 인접국인 신라를 공격하여 대승을 거둔 것이다. 미후성이 어디인지는 명확하지 않지만, 「신라본기」에 '나라 서부의 40여 성'이라고 표기되어 있는 것으로 보아 백제와 신라 국경 부근에 있는 성이었을 것이다. 백제의 대야성 침공은 그 다음 달에 이루어졌다.

의자왕의 신라 공격은 갑자기 이루어진 것이 아니라 이전부터 주도면밀하게 준비된 것이었다. 한반도의 세력 분포를 지리적으로 보면 북쪽으로는 고구려가 세력을 크게 확장하고 있었고, 남서부에는 백제가 있었다. 그리고 한반도 중앙에는 산맥이 뻗어 있으며, 동남부에 신라가 자리하고 있었다. 삼국은 모두 당 중심의 국제 질서 속에서 서로 세력 균형을 이루고 있었다. 그러나 당에 사신을 보낼 때 고구려는 육로로, 백제는 육로와 해로를 이용하여 당과 직접 접촉할 수 있었지만, 신라는 고구려와 백제 사이를 빠져나가 거슬러 올라가야만 당에 갈 수 있었다. 신라는 한강 유역에 당으로 통하는 길을 확보하고 있었지만 그곳은 고구려와 접하는 지역이었기 때문에 항상 고구려의 위협에 노출되어 있었다.

백제는 고구려를 피해 해로를 확보하고 있었으나 육로로 가는 쪽이 더 안전하여 되도록 육로를 이용하고자 했다. 그러나 육로는 어찌

됐든 고구려의 영역을 횡단하는 것이었다. 따라서 백제도 당과 육로를 통해 교류하는 것이 쉽지 않았다. 이 때문에 625년에는 신라의 진평왕이, 626년에는 백제의 무왕이 고구려 때문에 통행에 방해를 받고 있다고 당에 호소하기도 했다.

백제는 북쪽에 고구려, 동남쪽에 신라가 있었기 때문에 지정학적으로 양쪽의 공격을 받는 곳에 있었다. 이후 고구려가 강해지자 백제는 북쪽 방어에 힘을 기울이지 않을 수 없었고, 신라에 대한 방어에는 그다지 힘을 쏟지 못했다. 그 결과 성왕 이후에는 신라와의 국경에 설치한 여러 성이 신라의 공격을 받고 함락되는 사건이 종종 일어났다.

백제와 신라의 관계가 역전된 것은 611년(무왕 12) 10월 백제가 신라의 가잠성柳岑城을 공격한 때부터이다. 이때 백제가 승리한 것은 그럴만한 이유가 있었다. 611년부터 수隋(581~618)나라가 제1차 고구려 원정을 시작했기 때문에 백제는 고구려를 신경 쓰지 않고 신라에 대한 군사행동에 집중할 수 있었기 때문이다.

당시 고구려는 백제를 적으로 둘 여유가 없었다. 백제의 무왕은 국지모國智牟를 수나라에 파견하여 수가 고구려를 원정하는 데 협력할 것을 전함과 동시에 원정 시기를 알려달라고 했다.

백제 입장에서 수의 고구려 원정은 다시 없는 좋은 기회였다. 수와 고구려의 전쟁이 얼마나 지속될지는 알 수 없었으나, 그 기간 동안 백제는 북방으로부터 위협을 받지 않을 것이기 때문이었다. 또한 그

동안 양면체제라는 불리한 지리적 조건하에서 신라와 대치해야 했지만, 이제는 신라와의 전면전에 총력을 기울일 수 있게 되었다.

수의 고구려 원정은 611년 1차 원정부터 614년 3차 원정까지 4년에 걸쳐 이루어졌다. 그 사이 백제는 면밀한 군사계획을 세웠다. 『수서隋書』「동이전」 백제조에는 다음의 기록이 있다.

7년(611), 제帝(양제)가 친히 고구려를 정벌하고자 했다. 장璋(무왕)은 그 신하인 국지모를 파견해서 군사행동 예정일을 물었다. 제가 크게 기뻐하여 후하게 상을 내렸다. 상서尙書 기부랑起部郞 석률席律을 백제에 보내 양국 군사가 만날 기일을 알려 주었다. 이듬해 6군이 요遼를 건넜다. 장도 역시 군사를 국경에 배치했다. 수나라에 협조한다고 선언했으나, 사실은 양단책을 쓰고 있었다. 신라와 틈이 있으니 매번 서로 전쟁을 일으켰다.

백제는 겉으로 수나라에 협력할 것을 선언했지만, 사실은 고구려와 밀통하면서 수와 고구려 양쪽 모두를 저울질했던 것이다. 그 목적은 물론 신라를 공격하기 위해 기회를 엿본 것이다. 아마 무왕은 고구려에도 수의 정보를 흘리면서 양국의 전쟁이 길어지기를 기대했을 것이다. 백제 입장에서는 양국의 전쟁이 길어질수록 북방의 위협에 대한 걱정 없이 남진南進에 매진할 수 있었기 때문이다.

그러나 수나라는 고구려 원정에 실패했고 618년에는 이연이 수를 무너뜨리고 당을 건국했다. 수가 멸망한 것이다. 무왕은 고구려의 강한 군사력을 파악함과 동시에 후속 정권인 당의 동정을 지켜봤다. 당의 정권이 지속되는 것을 확인하자 621년에 당에 사신을 파견했다. 그리고 624년 무왕은 당으로부터 대방군왕 백제왕으로 책봉되었다. 이후 한동안 당나라도 내정에 충실한 시간을 보냈다. 그 사이 백제는 수에 한 것과 마찬가지로 당나라에 고구려의 위협을 호소하였으며 한편으로 신라를 계속 압박했다. 무왕은 633년에 적자嫡子인 의자를 태자로 삼았는데 이때부터 의자태자의 정책이 전개되기 시작했다. 무왕 33년의 일이다.

  의자왕은 무왕대의 경험을 바탕으로 고구려, 신라, 당과의 관계를 정리하려 했다. 당에게는 어디까지나 책봉 체제에 순응하는 태도를 보여 주었다. 사실 당의 눈엣가시는 고구려지 백제가 아니었다. 당은 내정이 정비되면 언제든지 수와 마찬가지로 고구려 원정을 단행하려 했다. 중국 동북부 지역에 세력을 뻗치고 있던 고구려는 당에게는 탐탁지 않은 존재였다. 당은 대국이기 때문에 자력으로 고구려를 치고자 했다. 그러나 당의 수도인 장안에서 멀리 떨어져 있는 고구려의 수도까지 물자나 군대를 보내는 것은 보통 노력으로는 불가능했다. 따라서 또다시 지난한 전쟁을 치를 가능성이 컸다.

  한편, 고구려는 당과의 전쟁에 집중하기 위해 남쪽의 수비까지 신경 쓰는 일은 가급적 피하려 했다. 만약 신라가 화평을 제의한다면 고구려는 흔쾌히 승낙할 가능성이 컸다. 이는 백제 입장에서 보면 썩 마음에 들지 않는 상황이었다. 따라서 신라가 고구려에 화평의 사자를 보내기 전에 백제가 비밀리에 고구려와 동맹을 맺는 것이 급선무였다. 고구려 역시 백제가 동맹을 제안해 오면 마다할 이유가 없었다. 고구려의 입장에서는 백제가 당의 책봉 체제하에 있는 것을 필요 이상으로 책망할 필요가 없었다. 한반도 삼국은 모두 형식상 당의 책봉 체제에 속해 있었기 때문이다. 또한 백제 입장에서는 백제와 고구려 동맹이 실현된다면 다시 전력을 다해서 신라를 공격할 수 있다. 그리고 고구려와 당의 전쟁이 진행되는 동안 백제가 신라를 병합해 버리는 것이 이상적이었다. 백제가 한반도의 남쪽을 통일한다면 고구려나 당은 결코 백제를 무시할 수 없다. 아마 백제의 무왕과 의자왕은 신라를 멸망시키고 한반도 남부를 차지하는 것이 백제가 살아남을 수 있는 길이라고 생각했을 것이다. 그리고 당시 고구려, 백제, 신라의 세력을 볼 때 그것은 충분히 승산이 있는 일이었다. 의자왕의 생각대로 일이 진행된다면 신라는 점차 약화될 것이고, 백제가 주권을 잡을 가능성이 컸다. 신라의 입장에서는 어떻게든 타개책을 강구해야 하는 상황에서 대야성이 함락된 것이다.

대야성은 경상남도 합천군 합천읍에 있던 성이다. 여기서 경주까지의 거리가 얼마되지 않아 이곳이 무너지면 신라는 바로 위험에 직면하게 된다.

「신라본기」에 대야성이 공격받은 전후의 상황을 다음과 같이 전한다.

11년 봄 정월에 신라는 사신을 대당에 파견해 방물을 바쳤다.

가을 7월에는 백제의 의자왕이 병사를 크게 일으켜 신라의 서쪽 40여 성을 공략했다.

8월에는 백제가 고구려와 모의하여 당항성을 치고자 하니, 신라가 당으로 가는 길을 차단했다. 선덕왕은 사자를 당에 보내 긴급사태임을 태종에게 알렸다. 그 달에 백제의 장군 윤충允忠이 병사를 이끌고 대야성을 공격했다. 대야성의 도독都督 이찬伊湌 품석品釋과 그 휘하의 사지舍知 죽죽竹竹과 용석龍石 등이 전사했다.

여기에 해당하는 「백제본기」 기사는 의자왕 2년(642) 기사이다.

8월 의자왕은 장군 윤충에게 1만의 군대를 이끌고 신라의 대야성을 공격하도록 했다. 대야성주 품석은 처자와 함께 성에서 나와 항복했다. 윤충은 그들을 모두 죽이고 그 머리를 베어 백제의 왕도로 보냈다. 남녀 1천여 명을 포로로 잡고 백제의 서부에 있는 주현州縣에 나누어 살도록 했다. 의자왕은 윤충의 공적을 높이 사서 말 20필과 1천 석의 곡물을 하사했다.

이 기록에 따르면 대야성은 약 1000명이 지키던 성이었다. 그곳을 의자왕은 장군 윤충에게 1만 명의 군대를 주고 공격하도록 한 것이다. 대야성을 지키던 신라인 1000명은 남녀를 모두 합한 것이기 때문에 남자가 전원 군인이었다 하더라도 약 500명이다. 1만 명과 500명의 싸움에서 대야성의 신라군은 도저히 승리할 수 없었다. 대야성주 품석이 항복한 것도 이해가 된다. 그러나 성의 백성 1000명의 목숨은 건졌지만 성주인 품석 일가는 살해당했다. 그런데 바로 품석의 처가 김춘추의 딸이었다.

훗날 무열왕으로 즉위하는 김춘추는 딸의 부음을 듣고 망연자실했다. 기둥에 기대서서 앞에 사람이 지나가도 모를 정도로 넋이 나가 있었다. 사람들이 위로의 말을 건넸지만 그것조차 들리지 않았다.

"고구려와 교섭할 수 있도록 저를 보내 주십시오."

겨우 기운을 차린 김춘추는 딸을 죽인 백제에 보복하기 위해 선덕여왕에게 청원하여 허락을 받았다. 김춘추는 선덕여왕의 언니 천명공주의 아들이다. 따라서 죽은 품석의 처는 선덕여왕에게도 친족이므로 김춘추만큼이나 마음이 아팠다.

품석의 '처자'라는 표현에서 보듯이 김춘추는 딸뿐만 아니라 외손도 함께 잃었음을 알 수 있다. 딸과 외손이 갑자기 죽었다는 소식을 듣는다면 김춘추 아닌 누구라도 망연자실할 수밖에 없다. 물론 「신라본기」의 표현에는 과장이 있을 수 있다. 그렇지만 당시 김춘추가 받은 충격은 신라에서 화제가 될 정도로 컸음은 분명하다.

당시 김춘추가 받은 충격은 다른 기사에서도 보인다. 「신라본기」 무열왕 7년(660)조를 보면, 나당연합군이 백제를 멸망시킬 당시 김춘추의 장자 법민法敏이 백제 왕자 융隆에게 다음과 같이 말했다.

13일 의자왕은 좌우의 근신만 이끌고 밤중에 도망갔다. 그리고 웅진성熊津城에 들어가 칩거했다. 의자왕의 아들 융은 대좌평 천복千福 등과 함께 웅진성을 나와 항복했다. 법민은 융을 말 앞에 꿇어앉히고 융의 얼굴에 침을 뱉으며 꾸짖었다. "예전에 너의 아비가 나의 누이를 원통히 죽여 옥중에 파묻은 일이 있다. 그 일로 나는 20년 동안 마음 아프고, 머리를 앓았다. 오늘 너의 목숨은 내 손에 달렸다."고 하니 융은 땅에 엎드린 채 말이 없었다.

오빠 법민이 20년 동안이나 마음고생을 했다면 아버지인 김춘추는 더 비통해하며 지냈을 것이다. 김춘추의 딸은 참형당하여 그 머리가 백제 왕도에 운반된 후 옥사의 지하에 매장되었다고 한다. 그것이 사실인지 아닌지는 명확하지 않지만, 신라에는 그렇게 전해졌던 듯하다. 물론 이것은 대야성에서 신속히 전해진 이야기는 아니다. 대야성 함락 후 딸의 시신이 어떻게 되었는지 알고 싶었던 김춘추가 온갖 방법을 동원해서 알아낸 것이다.

머리를 옥사 지하에 파묻었다는 것은 어떤 의미일까?

이는 땅속의 시신이 천한 죄인들에게 항상 밟혔다는 것을 의미한다. 죽은 자에게 한층 더 굴욕을 가한 것이다. 그녀에게는 김춘추의 딸이라는 것 자체가 재난이었다. 또한 왕족인 그녀의 머리를 굴욕적으로 대했다는 것은 신라 왕실을 한층 더 모독하는 것이었다. 이 사실을 알게 된 춘추와 법민 부자의 노여움과 비통함은 깊었을 것이다.

그런데 그녀의 죽음에 대해 달리 전하는 기록도 있다. 『삼국사기』 「열전」 죽죽竹竹전의 기록이다. 죽죽은 대야성이 함락될 때 품석을 보좌하고 있었다.

무릇 대야성이 함락된 원인은 품석의 소행에 있었다. 품석은 가신인 사지 검일黔日의 처가 미인이었기에 검일이 없는 틈을 타서 그녀를 취했다. 검일은 그 사실을 알고 품석에게 원한을 품었다. 이에 백제군이 공격해 오자 이때야말로 보복할 수 있는 좋은 기회라 생각하고 백제군과 내통하여 성안의 창고에 불을 질렀다. 혼란이 야기되어 성에 주둔하고 있던 군사들은 결국 성을 지키지 못하고 함락당했다.

패배가 확실시되자 품석은 성벽에 올라 적의 대장인 윤충에게 "나의 목숨을 살려 준다면 성을 바치고 항복하겠다."고 큰 소리로 외쳤다. 윤충은 그 요청을 받아들였다. 그렇지만 품석이 여러 장수를 회유하여 성문을 열고 나가려고 할 때 죽죽이 윤충이 약속을 지키지 않을 테니 최후까지 싸워야 한다고 만류했다. 그러나 품석은 죽죽의 말을 듣지 않고 성문을 열었다.

우선 병사들이 밖으로 나갔는데 매복해 있던 백제 병사들에게 모두 살해당했다. 품석은 그 소식을 듣고 속았다는 것을 알아차렸다. 그러나 이미 늦었다고 생각하여 처자를 죽이고 이어 스스로 목을 베어 죽었다. 죽죽은 성문을 닫고 최후까지 싸우다가 전사했다.

이 기록이 사실이라면 김춘추의 딸과 손자는 백제군에게 살해된 것이 아니라 남편인 품석에게 살해된 것이다. 어떤 기록이 정확한지는 알 수 없다. 다만 사지 검일과 같은 내통자가 있어 성안에 불을 질렀고, 이에 대야성이 함락되었다는 것은 사실일 것이다. 따라서 품석 자신의 목숨을 담보로 성문을 여는 것이 항복의 조건으로 받아들여졌다고는 생각하기 어렵다. 백제군은 1만이라는 일방적이고 압도적인 군세와 내통자만으로도 대야성을 함락할 수 있었다. 그러나 품석이 사지 검일의 처를 빼앗았다는 것이 사실이라면 품석이 대야성 함락의 직접적인 원인을 제공한 것이다.

김춘추가 딸의 사망 소식을 듣고 선덕여왕에게 백제에 보복할 것을 진언했다고 하지만, 그 후 그의 행동을 보면 반드시 개인적인 이유만 있었던 것은 아닌 듯하다. 딸의 죽음은 슬프지만 그 이상으로 김춘추에게 대야성 함락이 가진 군사적인 의미는 매우 컸을 것이다.

이때 김춘추에게는 두 가지 전략이 있었다.

첫 번째는 당에 긴급함을 알리고 백제의 진격을 막아내는 것으로, 이 방법은 기존의 정책을 유지하는 것이었다. 그러나 당은 미온적인 태도를 보이며 행동에 옮기려 들지 않았다. 설령 당이 백제에 사신을 보내 나무란다 해도 백제는 그때만 공손한 태도를 보일 뿐이었으므로 효과적인 계책이라고 말하기는 어려웠다.

두 번째는 백제와 고구려의 동맹을 깨뜨리는 것이었다. 물론 그것은 어려운 일이었다. 고구려는 백제와 신라의 전쟁이야말로 남쪽 방어에 신경 쓰지 않고 당군과 대치할 수 있는 기회였다. 또한 백제가 당과 고구려 사이에서 양다리를 걸치더라도 남쪽의 안전만 확보된다면 그것만으로도 만족할 만한 성과였다. 백제와 고구려의 동맹은 그러한 군사 균형 위에 성립된 동맹이었다.

만약 당이 고구려를 원정하지 않았다면 고구려는 백제와 밀약을 맺을 필요가 없었고, 백제도 북방의 안전이 확보되지 않아 신라를 쉽게 공격할 수 없었을 것이다. 이렇게 한반도 삼국의 상황은 당의 동향과 매우 관계가 깊었다. 그러나 신라는 당의 고구려 원정을 멈추게 할 방법이 없었다. 생각하면 할수록 돌파구가 보이지 않는 상황이었다.

김춘추는 이러한 상황을 타개할 수 있는 새로운 전략을 세워야만 하는 힘든 상황이었다.

왕자와 충신의 만남

　　7세기 신라에는 선덕여왕의 통치하에 김춘추와 김유신이라는 두 명의 뛰어난 정치가와 장군이 있었다. 이 둘은 신라를 절망적인 상황에서 구해내는 데 중추적인 역할을 한 인물이다. 이 둘의 만남과 관련된 유명한 일화가 있다.

　　신라에는 정월 오기일午忌日에 축국蹴鞠을 즐기는 풍습이 있었다. 그날 김유신은 몇 명의 왕족을 초대해 자택 앞에서 축국을 하고 있었다. 경기 중에 유신은 일부러 김춘추 왕자의 웃옷 고름을 밟아 찢었다.
　　"정말 송구합니다. 저희 집으로 가시지요. 바로 꿰매 드리겠습니다."
　　"미안하지만 그렇게 해 주시게."
　　춘추는 옷고름을 유신에게 건넸다. 유신은 누이동생 아해阿海를 불러

꿰매도록 했다.

"어찌 사소한 일로 귀하신 분을 가까이 할 수 있겠습니까?"

아해는 이렇게 답하며 나오지 않았다. 어쩔 수 없이 유신은 동생인 아지阿之를 불렀다. 아지는 마다 않고 오빠의 말에 따라 춘추의 옷을 꿰매었다.

춘추는 유신이 자신의 옷고름을 찢은 것이 누이동생을 소개시켜 주기 위한 것임을 알아챘다. 그날 이후 춘추는 스스럼없이 유신의 집을 왕래했고, 자연스레 아지와 가까워졌다.

『삼국유사』「기이紀異」태종춘추공조와 『삼국사기』「신라본기」문무왕(상)조에 나오는 일화이다. 등장인물인 김춘추는 이후 무열왕이 되고, 김유신은 신라의 장군이 되었다.

이 축국 이야기를 읽다 보면 일본 고대 사서인 『일본서기』에 기록되어 있는 이야기가 떠오른다. 바로 나카노 오에中大兄(후에 텐지 천황) 왕자와 나카토미노 카마타리中臣鎌足의 만남 이야기이다.

기사는 코교쿠皇極 3년(644) 정월 1일조에 기록되어 있다. 코교쿠 왕은 나카노 오에의 어머니이다. 당시 일본도 신라처럼 여성이 왕이었다. 정월에 나카노 오에가 한창 법흥사 물푸레나무 아래에서 타구打毬를 하고 있었는데, 잘못하여 가죽신이 벗겨졌다. 그러자 카마타리는 이를 기회라 여겨 바로 주워서 정중히 돌려주었다. 이것을 계기로 둘은 서로 왕래하는 친한 사이가 되었다.

축국과 타구, 상의와 가죽신의 차이는 있지만 정월 놀이에서 복장의 일부를 매개로 왕자와 충신의 만남이 이루어졌다는 줄거리는 거의 같다. 그런데 나카토미노 카마타리는 친족 가운데 왕비감으로 적당한 여자가 없었기 때문에 소가노 쿠라야마다노 이시카와 마로蘇我倉山田石川麻呂의 딸과 나카노 오에가 교제하기를 바랐다. 이 부분은 신라의 경우와 약간 다르다.

그러나 이시카와 마로가 처음 나카노 오에의 상대로 마음에 두고 있던 장녀는 적절치 않다 여겨 결국 둘째 딸을 나카노 오에에게 시집보냈는데, 이것은 애초 김유신이 김춘추의 상대로 큰 여동생을 염두에 두었다가 둘째 동생을 시집보냈다는 내용과 같다. 이시카와 마로는 김유신과 같은 왕가 출신은 아니지만 당시 야마토大和 조정에서 최고 유력자였던 소가蘇我 씨의 일족이다. 유력자 집안의 여자(자매)와 왕자의 혼인이라는 목적이 일치한다는 것이 매우 흥미롭다.

『일본서기』와 『삼국유사』, 『삼국사기』의 이야기는 둘 다 전적으로 사실이라고는 생각되지 않는다. 아마 후에 왕이 된 인물과 그 충신의 만남을 드라마틱하게 묘사하려고 이와 같이 서술한 것으로 보인다. 이들의 만남 이야기 중에 궁중 행사라는 자연스러운 환경을 설정하고, 옷고름을 매개로 왕자와 신하의 만남을 연출한 것은 두 사람의 관계 진전을 암시하는 하나의 도구라 할 수 있다.

다음은 왕자의 혼인 상대와 관련된 이야기이다. 일본의 경우는 조금 어둡다. 카마타리가 처음 마음에 두었던 이시카와 마로의 장녀는 혼례 전날 밤 이시카와 마로의 동생인 무사身狹에게 겁탈당했다. 이시카와 마로가 그 사실을 알고 고뇌하자 둘째 딸이 "저를 보내 주세요. 만회할 수 있을 것입니다."라고 자청해 곤혹스러운 상황을 모면했다.

이에 반해 신라의 경우는 밝다.

김유신의 첫째 여동생인 아해가 동생 아지에게 말을 걸었다.
"아지야, 나 이상한 꿈을 꿨어."
"무슨 꿈?"
"창피하니까 듣고 웃으면 안 돼. 약속할 수 있어?"
"알았어. 약속할게."
"있잖아, 꿈속에서 서쪽 언덕을 넘고 있었어. 그때 갑자기 오줌이 마려운 거야."
"그래서?"
"오줌을 누긴 했는데……. 그게 내 오줌 때문에 서라벌에 홍수가 나 버린 거 있지."
"정말?"
"응. 이상한 꿈이지?"
아지는 잠시 생각한 뒤 언니인 아해에게 말했다.
"언니, 그 꿈 나한테 팔지 않을래?"
아해는 아지가 왜 팔라고 하는지 알 수 없었다.

"너도 참 이상한 애다. 좋아, 산다고 했으니 대신 무엇을 줄래?"

"비단치마는 어때?"

아해는 매우 기뻤다.

"좋아. 그렇게 하자."

아지는 자신의 치마를 넓게 펼쳐서 받아들일 준비를 했다. 그러자 아해가 이렇게 말했다.

"어젯밤 꿈은 아지의 꿈이다!"

이것으로 아해의 꿈은 아지의 것이 되었고, 약속대로 아지는 언니에게 비단치마를 건넸다.

10일 후에 김춘추는 축국을 하다가 웃옷 고름이 찢겨 유신의 집을 방문했다.

꿈을 사고 파는 의미는 무엇일까? 정말 있었던 일이기는 할까? 소변으로 서라벌에 홍수가 났다는 것은 국토가 풍요로워진다는 것을 암시한 것일까? 그렇다면 동생 아지는 언니의 꿈이 국모가 된다는 꿈으로 여기고 샀을 것이다.

물론 후에 아지가 실제로 김춘추의 아내가 되고 왕비까지 오른 결과를 가지고 지어낸 이야기로 보는 것이 가장 무난하다. 젊은 여인들 사이에서 벌어진 연애 이야기의 일부라 여겨도 좋고, 재미있는 해몽 이야기로 받아들여도 좋다.

역사적으로 아지는 춘추의 적장자인 법민을 낳았고, 법민은 무열왕 사후 문무왕으로 즉위했다. 따라서 유신은 문무왕의 외숙부가 된다. 아지는 후에 문명文明왕후로 칭송받았다.

한편 『삼국사기』「열전」 김유신(하)조에 따르면 '유신의 처는 지소부인으로 태종대왕의 셋째 딸'이다. 그녀는 다섯 아들을 낳았는데 장남인 삼광三光이 후사를 이었다. 태종대왕에 대해서는 같은 책「열전」 제2 김유신(중)조에 다음의 기록이 있다.

영휘永徽 5년(654)에 진덕대왕이 죽은 후 후사가 없었기 때문에 유신은 재상인 이찬 알천閼川과 상의하여 이찬 춘추를 맞아 왕위로 즉위시켰다. 이가 태종대왕이다.

이를 통해 태종대왕이 김춘추임을 알 수 있다. 선덕과 진덕, 두 여왕에 이어 김춘추가 왕위를 계승한 것이다. 이때 무열왕의 즉위는 김유신과 김알천 두 사람의 협력으로 이루어졌음을 알 수 있다.

김유신은 진평왕 건복建福 12년(595)에 태어났다. 김춘추보다 여덟 살 많다. 김춘추가 김유신의 막내 동생을 부인으로 삼은 것은 문제가 없지만, 김유신이 김춘추의 셋째 딸을 처로 맞이한 것은 어딘가 부자연스럽다. 전혀 불가능하다고는 할 수 없지만 나이 차가 너무 많이 난다. 김춘추와 김유신의 생애에 대해서는 『삼국사기』의 기록을 믿을 수밖에 없지만, 혼인 관계를 보면 부자연스러움을 면하기 어렵다. 김유신이 문무왕대에도 오랫동안 활약했다는 사실을 상기하면 오히려 김춘추가 유신보다 나이가 많았다고 보는 것이 자연스러울 수도 있다. 그렇지만 명확한 것은 알 수 없다.

만약 김춘추가 스무 살에 지소부인을 낳았다면, 김유신과 지소부인의 나이 차는 스물여덟 살이다. 지소가 열다섯에 김유신과 혼인했다고 해도 혼인 당시 김유신의 나이는 마흔셋이 된다. 그때까지 김유신은 여기저기 전장을 누비며 생활했기 때문에 독신이었을 가능성도 있다. 아니면 지소가 두 번째 부인이었을지도 모른다. 김유신(하)조에는 "서자인 아찬 군승軍勝은 그 어머니의 성씨를 알 수 없다."고 기록되어 있는 것으로 보아 군승의 어머니가 김유신의 첫 번째 부인이고, 그녀는 김유신과 지소의 만남 이전에 사망했을지도 모른다.

그런데 『삼국유사』에는 김춘추와 아지의 만남이 선덕여왕대 (632~647)의 일로 기록되어 있다. 선덕여왕 원년의 일이라고 해도 김춘추의 나이가 서른이다. 장남 법민은 이듬해 태어났으므로 만약 지소가 문명왕후의 딸이며 법민의 여동생이라면 늦어도 법민이 태어나고 3년 후의 일이기 때문에, 김춘추가 서른셋에 낳은 딸이 된다. 여기에 김춘추와 김유신의 여덟 살이라는 나이 차를 고려하여 계산하면 김유신과 지소는 마흔한 살의 나이 차이가 생긴다. 마흔한 살이라는 나이 차는 크다. 만약 김춘추와 아지가 선덕여왕 치세 때에 만났다고 한다면 김춘추에게도 아지 이전의 부인이 있었다고 생각할 수밖에 없다.

어쨌든 김유신이 김춘추보다 여덟 살 연장자라는 기록을 믿는 입장에서 정리해 보면 다음과 같다.

첫째 김유신은 첫 번째 부인과의 사이에서 군승을 낳았다.

둘째 김춘추가 첫 번째 부인과의 사이에서 지소를 낳았다.

셋째 축국 경기에서 김춘추와 김유신의 동생인 아지가 만나 혼인한다.

넷째 김유신과 김춘추의 딸인 지소가 혼인한다.

다섯째 아지가 김춘추와의 사이에서 법민을 낳았다.

다만 이것도 하나의 추측에 불과하다. 왕가나 귀족의 세계는 나이 차를 신경 쓰지 않고 혼인하는 경우도 많다는 것을 부정할 수 없다. 이러한 점이 역사를 이해하는 데 어려운 부분이다.

혼돈의 7세기

604년에 태어난 김춘추는 세기의 풍운아라고도 할 수 있다. 이 시기 동아시아는 혼돈의 시대였다. 신라에서는 여왕이 연이어 즉위했고, 백제는 31대 의자왕이 등장함에 따라 군비가 확충되었다. 의자왕은 30대 무왕의 장자였다. 서른 살에 태자로 봉해진 후 마흔 셋에 무왕이 사망하자 왕위에 올랐다. 비교적 늦게 즉위한 셈이다. 일본에서도 코토쿠孝德왕이 596년에 태어나 쉰 살에 즉위했기 때문에 연대적으로 조금 비슷한 점이 있다. 이들은 나이 들어 왕위에 올랐기 때문에 인생 경험이 풍부했다. 의자왕은 즉위한 이듬해 정치 개혁을 단행해 다른 왕족과 귀족을 축출하고 왕권 강화를 꾀했다.

고구려는 수·당이라는 통일국가의 동북정책에 의해 전시 상황에 놓여 있었다. 거기다 연개소문의 쿠데타까지 일어났다. 연개소문은 자신이 정권을 잡는 데 반대했던 귀족뿐만 아니라 왕까지 살해하고 새로운 왕을 추대했다.

  7세기 아시아는 수의 건국과 함께 중국이 통일되면서 급격한 변화가 이루어졌다. 고구려·백제는 중국과 근접해 있어 재빠르게 대응하는 모습을 보여 주었으며, 수의 건국과 함께 그 책봉 체제에 편입되었다. 신라는 조금 늦어 수가 통일한 지 5년이 지난 후에 책봉 체제에 편입되었다. 일본은 6년 늦게 견수사를 파견했다.

  스이코推古왕이 견수사를 파견한 것은 동아시아 전체의 흐름 속에서 당연하게 이루어진 것으로, 오히려 늦은 감이 있다. 다만 일본은 한반도 삼국과 달리 수의 책봉 체제에 바로 편입된 것은 아니다. 『수서』「왜국전」대업大業 3년(607) 기사에 따르면 왜국은 스스로 '일출처국日出處國(해가 뜨는 곳의 나라-역자 주)'이라고 칭하고, 수를 '일몰처국日沒處國(해가 지는 곳의 나라-역자 주)'이라고 하여 양제와 스이코왕을 동등한 '천자'로 표현했다. 이 표현을 어떻게 이해할지 어려운 문제이지만, 현실적으로 일본이 수와 대등한 외교를 지향했다고 보기는 어렵다. 수와 어떤 관계를 맺을 것인가를 모색하고 있었다고 생각하는 쪽이 맞을 것이다. 이런 일본의 태도는 수에게 '예의 없는' 것으로 비춰졌을 것이다. 『수서』「왜국전」에서 양제가 화를 낸 것도 당시 일본의 외교 태도에서 비롯된 것이다. 이것은 한반도 내에서 각각의 영역을 확보하기 위해 수의 조공·책봉 체제에 편입된 한반도 삼국과 입장이 다르다는 것을 의미한다. 즉 당시 스이코 조정은 한반도 삼국과 어떤 영토적인 이해 관계도 없었음을 알 수 있다.

들여다보기

7세기 동아시아의 흐름

581년   수의 건국. 고구려·백제가 수의 책봉 체제에 편입
589년   수가 진을 멸망시키고 중국을 통일
594년   신라가 수의 책봉 체제에 편입
612년   수의 제1차 고구려 원정
618년   수가 멸망하고 당이 건국
632년   신라 선덕여왕이 즉위
641년   백제 의자왕 즉위
642년   고구려 연개소문, 영류왕을 살해하고 보장왕 옹립
        백제, 신라의 대야성 함락. 일본에서는 코교쿠 여왕 즉위
644년   당의 제1차 고구려 원정
645년   일본에서 을사乙巳의 변이 일어나 코토쿠조 성립
647년   신라에서 비담의 난 발발. 평정 후 진덕여왕 즉위
654년   김춘추가 무열왕으로 즉위
655년   일본에서 사이메이齊明 여왕이 중조重祚(다시 제위帝位에 오름)
660년   백제 멸망
663년   백강 전투 발발
668년   고구려 멸망

중국 왕조의 주변국에 대한 지배 방식으로는 기미羈縻와 책봉册封이라는 두 체제가 있었다. 주변국 내에 도호부를 설치하고 군사적 지배 하에 두는 대신, 중국 왕조의 관직명을 주고 그 나라의 자치를 인정하는 제도가 기미정책이다. 한편 책봉이라는 것은 본래 책서(사령서)에 의해 왕위나 관위에 임명되는 것을 의미한다. 즉 중국 황제가 주변국 국왕의 영토와 지배를 인정하면서, 중국 왕조의 작제 등 관위를 부여하여 황제와 군신 관계를 맺는 지배 방식이다. 기미와 책봉을 비교하면 기미정책이 좀 더 종속성이 강하지만, 주변국에 주로 실시된 것은 책봉체제였다.

고대의 '일본'을 보통 '왜국倭國'이라고 생각하는 연구자들이 많다. 물론 「위지동이전」 왜인조에도 보이듯이 '왜국'이라는 표현은 일찍부터 사용되었다. 그렇지만 키토 키요아키鬼頭淸明는 4~5세기 왜왕과 6세기 이후의 야마토 조정이 동일 세력인지 아닌지는 확실히 증명할 수 없다고 지적한다. 키토는 왜의 5왕에 대해서 "왜의 세력범위는 북큐슈北九州에서 키나이畿內에 이르는 서일본 지역에 걸쳐 있으며, 동시에 가야제국도 포함하고 있었다."고 한다. 그리고 "중국 사서에 보이는 왜는 이른바 중국 입장에서 한반도 남쪽에 근거를 둔 정치 세력을 일괄적으로 지칭한 것으로, 그 전부가 야마토 조정을 가리킨다는 증거는 없다."고 주장한다.

여기서 중국 사서에 기록된 '왜·왜인·왜국'의 개념에 대해 이노우에 히데오井上秀雄의 견해를 언급하고 싶다. 이노우에는 고대 중국인들은 왜인을 강남지방, 내몽골 동부, 한반도 남부, 일본 열도의 네 곳에 살고 있던 사람들로 인식했다고 주장한다. 즉 '왜인=일본인'이 아니라는 것이다.

중요한 것은 '왜'라는 명칭은 중국이 붙인 호칭으로, 왜가 스스로 부른 이름이 아니라는 것이다. 또 『일본서기』에는 '왜'와 '일본'으로 각각 기록되어 있어도 그 독음은 모두 '야마토'이다. 『일본서기』가 편찬될 때의 지배 정권이 '야마토 왕조'였기 때문에 일찍이 별도의 세력이었던 지역을 병합하여 모두 '야마토'라고 했다. 표기만 '왜', '일본', '대왜'로 별도 표기한 것이다.

아마 한반도 남부와 북큐슈 사람들은 바다를 사이에 두고 일상적으로 빈번하게 교류했을 것이다. 키토가 지적했듯이 정치적으로 케이타이繼體·킨메이欽明 조정은 왜의 권익을 어떤 형태로든 계승하고자 하는 의식이 강했을지도 모른다. 그러나 스이코 조정에서는 그 의식이 엷지 않았을까? 일본이 수에 사신을 파견한 것은 한반도 삼국과 마찬가지로 일본도 수로부터 그 존재를 인정받고 동아시아 세계에서 외교 행위를 하겠다는 표현이었다. 중국이 혼란하여 불안감은 있었지만 수가 통일국가를 이룩한 이상 일본도 한반도 삼국에게 뒤처질 수 없었을 것이다.

이런 일본의 대외적 의식 변화를 생각한다면 663년에 백제구원군과 함께 참전한 백강전투는 이해하기 어려운 면이 있다. 왜 일본은 백강전투에 참전했을까? 왜 일본은 나당연합군과 전쟁을 치러야만 했을까?

　지금까지는 '왜 일본은 백강전투에서 패했을까?'라는 의문이 자주 제기되었다. 그러나 여기에서는 '과연 일본은 백강전투에서 승리할 만한 조건을 갖추고 있었는가?'라고 반문하고 싶다. 광대한 영토를 통일하고 국력이 튼실한 당나라와 싸워 승리할 수 있는 조건을 당시 일본이 갖추고 있었다고 생각하는 것 자체가 무의미하다.

　수가 중국을 통일했을 때 고구려·백제가 수의 완전 통일 이전부터 조공하고 신라도 늦게나마 조공한 것은 수의 세력이 강대함을 인식했기 때문이다. 그런데 일본이 수를 이은 당과의 전투에서 승리할 수 있다고 생각했다는 것은 황당무계하지 않은가. 모리 키미유키森公章는 일본은 정보가 부족해 당의 세력을 정확히 파악할 수 없었기 때문에 참전했다고 주장한다. 그러나 『일본서기』를 읽어 보면 일본이 당에 대한 정보가 부족했다고는 볼 수 없다. 국가의 사활을 걸고 전쟁을 치르는데 정보가 부족한 채 참전을 결정할 수 있었을까? 이는 비현실적일 뿐만 아니라 역사가의 논리라고도 볼 수 없다.

　사실 패전의 이유에 대해 깊이 생각할 필요조차 없지 않을까? 전쟁의 승패는 국력, 군사력의 차이다. 이것이 모든 질문에 대한 답이다. 역사적으로 일본은 나당연합군과 싸웠고, 국력과 군사력의 차이로 패전했다.

　그러나 역시 '왜 참전했을까?'라는 질문을 할 수밖에 없다. 승리할 가능성이 적은 전쟁에 일본이 참전한 것은 이유가 있을 것이다. 무엇 때문이었을까?

　20세기 일본은 쇼와^{昭和} 시대에 이르러 초강대국인 미국과 연합군을 상대로 세계대전에 돌입했다. 냉정히 생각해 보면 절대 승리할 수 없는 전쟁에 참여한 것이다. 소데이 린지로^{袖井林次郞}는 일본이 제2차 세계대전에 참전한 이유는 맥아더가 제1차 세계대전 직후부터 세운 오렌지 작전이라는 원대한 전략에 의해 계획된 결과라고 했다.

　고대 동아시아대전이라고 할 수 있는 한반도 삼국과 당이 얽힌 전쟁에 일본이 참전한 것도 맥아더와 같은 인물의 전략이 아닐까?

　그 인물이 당의 참모가 아닌 신라의 김춘추가 아닐까?

김춘추와 김유신

김춘추의 아버지는 신라 25대 진지왕(576~579)의 아들 용춘(龍春), 어머니는 신라 26대 진평왕(579~632)의 딸 천명부인이다. 진지왕은 진흥왕의 차남, 진평왕은 진흥왕의 장남 동륜의 아들이었으므로 두 사람은 숙부·조카 관계였다.

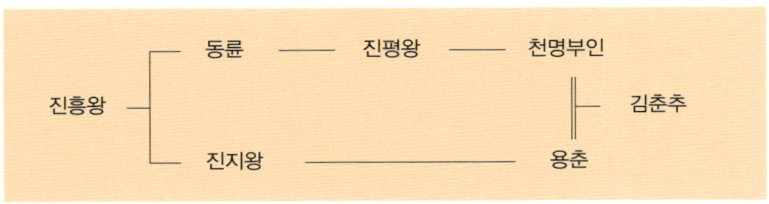

김춘추는 왕족이었다. 당시 군사는 왕족이 관여하는 경우가 많았다. 따라서 당연히 대외 전쟁에 대한 정보는 김춘추의 귀에 들어오게 되어 있었다.

629년 8월에 신라는 고구려의 낭비성娘臂城을 공격했다. 공격 부대의 편성을 보면 대장군은 김용춘과 김서현, 부장군은 김유신이었다. 김용춘과 김유신은 같은 부대의 대장군과 부장군이었으므로 작전회의에도 동석했다.

당시 김유신은 서른다섯으로 혈기왕성할 때였다. 그는 낭비성 전투에서 선두를 자원하여 세 차례나 적진에 뛰어들어 싸우다가 탈출했다. 그는 적장을 베고 적의 깃발을 빼앗는 등 맹활약을 펼쳤다.

당시의 모습을 『삼국사기』「열전」은 다음과 같이 기록하고 있다.

신라군은 낭비성을 공격했지만, 성을 나와 공격해 오는 고구려군에게 패했다. 시체가 산처럼 쌓였다. 병사들은 정신적으로 타격을 입고 전의를 상실했다. 그때 서른다섯의 유신이 나와 말했다.

"우리군은 패했습니다. 그러나 저는 평생토록 충효를 무엇보다 중요하게 여겨 왔습니다. 전투에 임해서는 용감해져야 합니다. 옷깃을 잡고 흔들면 가죽옷이 바로 펴지고, 벼리를 끌어당기면 그물이 펴진다고 합니다. 지금이야말로 저는 그 옷깃과 벼리가 되고 싶습니다."

김유신은 말을 타고 검을 뽑아들었다. 도랑을 건너 적진에 몇 번이고 돌입하여 적장의 목을 베어 가지고 돌아왔다. 유신의 대담한 모습에 신라군은 정신을 가다듬어 적병 5천여 명을 죽이고 천여 명을 포로로 잡는 전과를 올렸다. 성 안에 남아 있던 고구려 병사들도 신라군의 기세에 놀

| 수로왕릉 | 경남 김해시 서상동 소재

려 감히 저항할 엄두를 내지 못한 채 모두 성을 나와 항복했다.

　조금 과장된 영웅담 같지만 김유신의 용감무쌍함에 신라군의 사기가 얼마나 높아졌는지 알 수 있다.

　김유신은 신라의 수도인 경주에서 태어났지만, 그의 집안은 금관가야 출신이다. 금관가야의 시조는 수로首露이며 그 9대손이 구해仇亥로, 김유신의 증조부이다. 구해의 자식이 무력武力이고 무력의 자식이 서현, 서현의 자식이 유신이다.

　김유신의 조부인 김무력도 용맹한 장수였다고 한다. 무력은 신주도행군총관新州道行軍摠管이었던 시절에 백제를 공격하여 왕과 장군

4명을 포로로 잡고, 1만여 명의 머리를 벨 정도로 용감했다.

아버지 김서현은 소판蘇判으로 대량주도독大梁州都督 안무대량주제군사安撫大梁州諸軍事를 역임했다. 김유신의 어머니에 대해 열전에서는 갈문왕 입종의 자식인 숙흘종의 딸 만명이라고 기록하고 있다. 갈문왕 입종은 법흥왕의 동생이다.

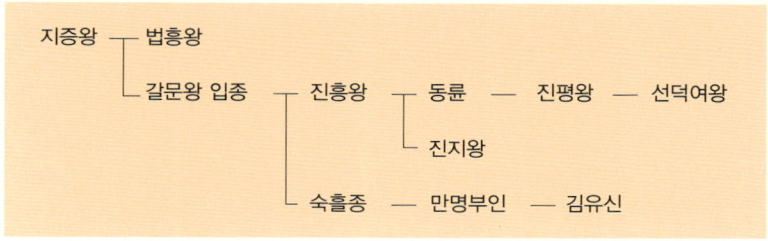

김서현과 만명의 혼인에 대해서는 매우 흥미로운 이야기가 전한다.

김서현은 길을 가다 만난 만명에게 한눈에 반해 정식 혼인을 하기도 전에 사귀었다. 그 후 그는 만노군萬弩郡의 태수로 부임할 때 사랑하는 만명을 부임지에 데려가고자 했다. 두 사람은 그때까지 비밀리에 사귀고 있었는데, 만명의 아버지 숙흘종이 이때 처음으로 딸과 김서현의 관계를 알게 되었다. 그는 불같이 화를 내며 반대했다.

숙흘종의 진노는 당연했다. 미혼의 두 사람이 부모 몰래 남녀관계를 가졌기 때문이다. 숙흘종은 만명을 별채에 가두고 감시인을 붙였다. 그런데 갑자기 벼락이 집으로 떨어졌다. 감시인이 놀라 허둥대자 만명은 집에서 뛰쳐나와 김서현과 함께 만노군에 가서 김유신을 낳

| 김유신 탄생지 | 유신의 아버지 서현이 만노군(현 진천군)으로 부임할 때 만명부인을 데리고 이곳에 머물면서 유신을 낳았다.

| 김유신 태실胎室 | 충북 진천군 상계리 소재(태실 : 왕실에서 왕, 왕비, 왕세자, 공주 등이 출산하면 그 태를 봉안하던 곳)

았다고 한다.

「신라본기」 법흥왕 19년(532) 기사에는 금관국왕인 김구해가 왕비와 세 왕자를 데리고 국가의 귀중한 보물을 가지고 투항했다고 전한다. 이에 법흥왕은 구해 일가에게 예우를 갖춰 구해에게 상등上等의 관등을 하사하고, 본국을 식읍으로 내려 주었다. 3명의 자식은 노종, 무덕, 무력이었다. 김유신의 조부모 무력은 구해의 셋째 아들이었다.

『삼국유사』 「기이」에 인용된 『가락국기』에는 구형왕仇衡王 치세 42년인 보정保定 2년(562) 9월에 신라 진흥왕의 군대가 공격해 왔다고 한다. 가락국왕은 몸소 병사를 이끌고 신라군을 맞아 싸웠지만 적은 군사로 터무니 없는 싸움이었다. 결국 '왕자王子·상손上孫·졸사공卒士公'을 신라에 보내 항복했다. 여기서 구형왕은 구해를 말한다. 시기가 진흥왕대로 되어 있는 것은 법흥왕의 잘못된 표기이지만 기사의 내용은 거의 같다.

또한 『일본서기』 계체 23년(532)에 "상신上臣, 4개의 촌을 공략하고 사람과 물품을 남기지 않고 모두 본국으로 가지고 돌아갔다."는 기사가 보인다. 이때 상신은 신라의 이질부례지간기伊叱夫禮智干岐이며, 4개의 촌에 대해서는 "금관金官·배벌背伐·안다安多·위타委陀를 4개의 촌이라 한다."고 기록되어 있다. 일본에 가락국의 멸망에 대한 정보가 전달되었음을 확인할 수 있다. 이것만으로도 김유신의 출신에 대해서는 신뢰성이 높다.

즉 김유신의 증조부는 금관가야의 왕이었다. '원래대로라면 내가

| 옛 금관가야 지역(현재 김해 지역) | 멀리 낙동강이 흐르고 양쪽으로 드넓은 평야가 펼쳐져 있다.

금관국의 왕이 되었을 텐데······.'라는 생각은 적어도 조부인 무력대까지는 하고 있었을지도 모른다. 반대로 무력은 셋째 아들이었기 때문에 형들을 제치고 왕위에 오를 가능성이 낮아 그다지 생각하지 않았을지도 모른다. 더구나 그 손자인 유신대에는 신라에게 이미 멸망당한 상태여서 그런 생각은 아예 하지 않았을 것이다.

한편 가야 지역 사람들은 자신들의 귀속문제를 어떻게 생각하고 있었을까?

가야 지역은 소국으로 분립되어 있었다. 6세기부터 한반도에서는 통일·통합이 진행되고 있었다. 가야 지역은 어떻게 하든 백제나 신라에 정복당하는 운명을 피할 수는 없었을 것이다. 현재의 김해를 보면 비옥한 평야지대이지만 산과 하천으로 둘러싸인 협소한 땅이라는 사실은 부정할 수 없다. 그러나 사실 경주도 별반 다르지 않다. 오히려 경주를 수도로 삼고 있는 신라가 이후에 한반도를 통일했다는 것이 기적이라고 할 수 있다.

『삼국유사』에 따르면 구형왕의 세 아들은 각각 신라의 관위를 받았다. 장남은 세종각간世宗角干, 차남은 무도茂刀각간, 삼남은 무득茂得각간을 받았는데, 각간은 중국의 2품에 상당하는 높은 관위이다. 국가가 멸망해서 전승국으로 끌려온 것은 굴욕이나, 그 나라에서 우대받으면 굴욕감은 덜해진다. 오히려 운명을 받아들여 신라에서 영달을 꾀하게 된다.

김유신은 15세 때 화랑이 되었다. 화랑은 귀족 청년으로 구성된 집단으로 그들은 나중에 귀족 계급의 지도자가 된다. 「신라본기」 진흥왕 37년 기사에 따르면, 화랑은 미모의 남자들로 서로 도의를 연마하고 가락을 즐기며, 산과 들을 돌아다니며 동료의식을 다지고 몸을 단련했다고 한다. 인원은 200~300명 정도이다. 김유신이 화랑이 되었다는 것은 미남자이자 장래 유망한 청년이었음을 의미한다. 미청년으로 용감한 무인이라면 김용춘이 아닌 누구라도 사위로 맞이하고 싶은 마음이 들지 않았을까.

김춘추의 존재

『삼국사기』에 김유신전이 있기 때문에 김유신의 청년기에 대해서는 비교적 잘 알려져 있지만, 이상하게도 김춘추의 젊은 시절은 베일에 싸여있다.

김춘추가 처음 기록에 보이는 것은 「신라본기」 선덕여왕 11년(642) 겨울 기사이다. 그때 김춘추는 40세였다. 이후 그의 활약상을 볼 때 그의 젊은 시절 기사가 「신라본기」에 등장하지 않은 것이 이상하다.

김춘추는 왕족이자 특권 계층이었으며 고등교육을 받았다. 그가 태어난 후 신라는 고구려·백제 두 나라와 계속 전쟁을 치르고 있었기 때문에 평화로운 시대는 없었다. 그러나 수시로 전투가 벌어지는 시대에는 사실 문관의 활약은 그다지 눈에 띄지 않는다. 『삼국사기』 기사만 보아도 그러한 경향을 읽을 수 있다. 전투에서 활약하거나 실패한 기사가 중심이 되고, 그 이외의 기사는 매우 적다. 김춘추의 기사가 없는 것도 이러한 점과 무관하지 않다.

한편 이 시대는 선덕여왕의 치세기였다. 선덕여왕은 진평왕의 장녀로 김춘추의 이모이다. 이러한 왕족 내 친족 관계를 생각하면 김춘추가 정계에 전면으로 나설 수 있는 기회가 있었을 것이다. 그러나 평화로운 시대에 말석의 왕족이었다면 특별히 눈에 띄지 않은 채 귀족의 딸과 결혼하여 생을 마감했을지도 모른다. 하지만 행운인지 불행인지 김춘추는 전란의 시대에 태어났고, 재능도 갖추고 있었으며, 국왕과의 관계도 가까웠다.

김춘추를 주목할 필요가 있는 것은 이러한 혈연 관계 때문이 아니다. 김춘추의 세 가지 행동이 이목을 끌기 때문이다.

642년　김춘추, 고구려에 사신으로 감
647년　김춘추, 일본에 사신으로 감
648년　김춘추, 당에 가서 백제로 출병할 것을 요청

이 일들이 교통과 통신이 발달하지 않은 7세기에 일어난 일이다. 왕족으로, 더구나 백제와 전투 중인 상황인데도 불구하고 고구려·일본·당이라는 세 나라에 직접 건너가 외교 능력을 발휘한 것이다.

이러한 인물이 또 있었을까?

승려로서 불전을 구하거나 스승을 구하기 위해 외국에 건너간 사람은 있다. 이것은 구도求道라는 특수한 행동으로 볼 수 있다. 여행 그 자체가 수행이기도 하다. 그러나 김춘추의 삼국 방문은 수행승의 방문과는 다르다.

고구려의 연개소문, 백제의 의자왕, 일본의 나카노 오에도 우수한 인재였다. 그러나 이 세 사람 가운데 누구도 혼자서 외국으로 직접 건너간 적은 없다. 그러나 후에 무열왕으로 즉위하는 김춘추는 달랐다.

김춘추의 활동성은 어디에서 나온 것일까? 그는 고구려에 건너가 무엇을 얻었을까? 또한 무엇 때문에 일본에 건너간 것일까? 과연 김춘추는 당에서 무엇을 배웠을까?

이러한 의문이 머릿속을 맴도는데, 특히 일본을 방문한 일은 더욱 궁금하다.

고구려에 간 표면상의 이유는 백제와의 전쟁을 위한 구원요청이었다. 당으로 건너간 것도 같은 이유였다. 그렇지만 일본에 간 이유는 명확하지 않다. 김춘추의 일본 방문과 일본의 백강白江 전투 사이에 무슨 관련이 있는 것은 아닐까?

김춘추의 행동을 자세히 살펴보면 고대 동아시아 대전에 이르는 다양한 현상을 다른 각도에서 들여다 볼 수 있다. 어렴풋이 '사건의 진상'이 하나하나 보이기 시작한다.

우선 김춘추의 고구려 방문은 신라를 더욱 궁지에 모는 일일 뿐이었다. 왜냐하면 고구려와의 동맹이 성사될 가능성이 전혀 없었기 때문이다. 하지만 고구려에 접근하여 백제의 의심만 살 수 있다면 상황을 해결할만한 실마리를 찾을 수 있을지도 모른다는 기대를 품고 고구려로 향했을 것이다.

그때의 모습을 「신라본기」는 다음과 같이 전한다.

고구려의 고장왕高臧王(보장왕)은 이전부터 춘추의 이름을 듣고 있었기에 경비를 삼엄하게 한 후에 춘추를 맞았다. 춘추는 말했다.

"지금 백제는 무도하고 잔인하며 탐욕스럽습니다. 그들은 우리 봉토를 침략하고 있습니다. 우리 왕은 대국 고구려 병마의 원조를 얻어 침략당한 치욕을 씻고자 합니다. 이에 저를 보내어 귀국의 하집사下執事에게 이 일을 보고하도록 했습니다."

이에 대해 고구려왕은 말했다.

"죽령은 본래 우리 영토다. 너희가 만약 죽령의 서북 땅을 돌려준다면 출병할 것이다."

이에 춘추가 답했다.

"저는 군명을 받들어 원군을 요청하러 온 것뿐입니다. 대왕이 환난을 구하여 이웃과 친선하려 함에는 뜻이 없으시고 단지 사신을 위협하여 영토를 요구하신다면 저는 여기서 죽을 수밖에 없습니다. 다른 것은 알지 못합니다."

이 말을 듣고 고장왕은 춘추의 불손함에 노하며 그를 별관에 유폐시켰다. 춘추는 몰래 사람을 보내 이 일을 본국의 왕에게 알렸다. 신라왕은 대장군 김유신에게 명하여 결사대 1만 명을 이끌고 고구려로 향하도록 했다. 유신의 군이 한강을 건너고 고구려의 남쪽 경계로 들어가려 할 때 고구려왕은 이 소식을 듣고 춘추를 석방하여 귀국시켰다.

「고구려본기」는 다음과 같이 간단히 기술하고 있다.

신라가 백제를 토벌하기 위해 김춘추를 파견하여 출병을 요구했지만 우리나라는 그것을 따르지 않았다.

한편 이와 관련하여 『삼국사기』「열전」 제1 김유신(상)조에는 상세한 기록이 남아 있다.

김춘추가 고구려에 가기 전에 김춘추와 김유신은 서로 우정을 확인하고 피로 맹세했다. 그 정도로 고구려 수행길은 위험했던 것이다. 김춘추는 60일이 지나도 귀국하지 않으면 자신의 운명이 다했다고 생각해 달라는 말을 남기고 여정에 올랐다. 김춘추가 고구려에 들어가기 직전 두사지사간豆斯支沙干이라는 인물이 청포 300보步를 증정했다. 보장왕은 처음에는 연개소문을 객관까지 파견하여 김춘추를 환대했다. 하지만 누군가 김춘추가 보통 사람이 아님을 알아보고 후일의 근심을 없애기 위해 죽여야 한다고 진언하자, 김춘추를 감옥에 가두었다.

그때 김춘추는 두사지사간에게 받은 청포 300보를 고구려왕의 총신인 선도해先道解에게 몰래 전했다. 그러자 선도해는 감옥까지 찾아

와서 음식을 주며 토끼의 간을 얻고 싶었던 거북이가 토끼에게 속아 놓쳤다는 이야기를 상기시켰다. 목숨을 부지하고 싶으면 '거짓말도 좋은 방책'이 될 수 있다고 귀띔해 준 것이다. 이에 김춘추는 그 조언에 따랐다. 김춘추는 귀국 후 신라왕에게 마목현과 죽령의 두 곳을 고구려에 반환할 것을 진언하겠다고 서면으로 약조했다. 이것을 본 보장왕은 기뻐하며 김춘추를 풀어 주었다.

한편 김유신은 60일이 지나도 김춘추가 귀국하지 않자 결사대 3천 명을 선발하여 구원 부대를 편성했다. 이 모습을 고구려의 간첩이었던 승려 덕창德昌이 감지하고 고구려왕에게 보고했다. 보장왕은 앞서 김춘추에게 확답을 받은 상태였고, 이번 보고도 있고 해서 하루라도 빨리 그를 귀국시키는 것이 이득이라고 판단했다. 이에 보장왕은 후하게 예를 갖춰 김춘추를 국경까지 환송하도록 했다.

어떤 기사가 맞는지 결정적인 단서는 없다. 「열전」의 기사가 좀더 드라마틱하고 상세하나, 김춘추가 유폐되어 있었다면 선도해에게 어떻게 뇌물을 줄 수 있었는가 하는 의문이 남는다. 한편 분명한 이유가 없다면 감옥에 갇힌 김춘추가 석방된 것을 어떻게 이해해야 할지에 대한 문제도 있다.

드라마라면 고구려로 가던 김춘추가 여행 도중에 어떤 사건에 휘말린 두사지사간을 도왔고, 두사지사간은 그 은혜를 갚기 위해 선도해에게 뇌물로 청포 300보를 주어 김춘추를 구해 주었다는 이야기로 각색할 수 있다. 매우 개연성이 높은 이야기이다. 그러나 이것은 어디까지나 공상에 불과하다.

그렇지만 한 가지 마음에 걸리는 사실이 있다. 642년은 고구려에서 대사건이 일어난 해이다.「고구려본기」에 따르면 그 해 10월 영류왕이 연개소문에게 살해되었다. 대야성 함락이 8월, 김춘추의 고구려행이 겨울이다. 아마도 대야성 함락 → 영류왕 살해, 보장왕 즉위 → 김춘추의 고구려 방문 순으로 사건이 전개되었을 것이다.

「고구려본기」는 또한 그 해 11월 당 태종이 영류왕의 죽음을 애도하여 조문사를 파견하면서 300반(叛)의 조문품을 전했다고 한다. 이것을 생각하면 김춘추의 파견도 영류왕의 죽음을 애도하고 보장왕의 즉위를 축하해 주기 위한 파견이었을 것이다. 즉 김춘추 일행은 고구려왕의 교체에 대한 의례적인 사자 파견의 형태로 고구려에 간 것으로 여겨진다. 신라가 처한 상황을 생각하면 전왕의 조문, 신왕의 축하라는 형태로 사자를 파견하는 것이 가장 자연스러웠을 것이다.

보통 이러한 사신단에 왕가의 일원이 함께 가는 경우는 없다. 하지만 김춘추는 딸의 죽음에 대한 슬픔은 뒤로 하고, 앞으로 신라의 나아갈 길을 모색하기 위해서 정권이 교체된 고구려의 상황을 직접 볼 필요성을 느끼고 스스로 지원했을 것이다. 만약 고구려가 이대로 백제와 손을 잡고 신라를 압박해 온다면 신라의 운명은 풍전등화일 수밖에 없기 때문에 위험을 감수하고 직접 외교 교섭을 진행시킬 수밖에 없었다. 고구려는 신라에서 온 축하 사신이 왕족 김춘추라는 것을 알아챈 인물이 있었던 모양이다. 그리하여 보장왕은 실질적으로 신라의 운영을 책임지고 있는 김춘추를 인질로 삼아 영토를 찾고싶은 야심을 드러냈을 것이다.

총신 선도해의 말도 어디까지가 사실인지 명확하지 않다. 김춘추를 인질로 삼아 넓지도 않은 영토를 되돌려받는다고 하더라도 그것이 고구려에게 득이 된다고 할 수는 없다. 당시 가장 큰 문제는 당나라와의 외교였다. 당이 군사원정을 진행하고 있는데 당 이외 나라와의 전쟁은 피하고 싶은 것이 고구려의 심정이었을 것이다. 백제왕과 비밀 맹약을 맺은 것도 이 때문이었을 것이다. 이후 신라와 어떠한 관계를 맺을 것인가는 차치하고라도 굳이 지금 신라와 뒤섞여 싸울 필요는 없으며, 작은 다툼은 있어도 전면적인 전투 상황으로 몰고 가는 것은 피하고 싶었을 것이다. 고구려의 입장은 신라를 백제에게 맡겨두고 싶다는 입장, 즉 백제와 신라 사이에 적극적으로 개입하지 않으려는 것이었다.

고구려는 김춘추가 정탐하는 행동을 했기 때문인지, 아니면 왕족이 직접 사신으로 온 것을 의심해서인지는 알 수 없지만 수상한 점이 있기 때문에 그를 투옥시켰을 것이다. 그런데 누군가의 진언으로 본래의 외교 자세로 돌아와 김춘추를 귀국시켰던 것은 아닐까? 그 진언자가 바로 선도해였을지도 모른다.

실제로는 『삼국사기』에 기술되지 않은 드라마틱한 일이 많이 있었을 것이다. 그러나 확실한 것은 고구려왕의 교체 때 왕족인 김춘추가 사신으로 갔다는 것과 김춘추가 무사히 귀국했다는 두 가지 사실이다. 김춘추는 고구려가 신라와 백제 사이의 문제에 관해서는 전혀 움직여 주지 않을 것을 느끼고 귀국했을 것이다.

백제가 642년 7월 미후성 이하 40여 성을 공격한 것에 대해 신라는 당 태종에게 어려움을 호소하면서 구원군을 요청했다. 이에 644년 당 태종은 고구려의 사신을 불러들여 백제와 고구려에게 신라를 공격하지 말 것을 명령했다. 그리고 사신으로 상리현장相里玄獎을 고구려에 보냈는데, 그 전에 이미 연개소문은 신라에 출병해 신라의 두 성을 함락했다. 이에 현장은 신라를 침략하지 말도록 연개소문을 설득했다. 그때 연개소문은 대답했다.

"우리나라와 신라는 서로 원망의 골이 깊어진 지 이미 오래되었습니다. 지난 번 수나라가 쳐들어 왔을 때 신라는 그 틈을 타서 우리 땅 500리를 빼앗아 갔습니다. 그때 성읍을 모두 차지했으니, 침략한 땅을 돌려주지 않으면 싸움은 아마 그치지 않을 것입니다."

그러나 「신라본기」에는 644년에 고구려의 침공이 있었다는 기사가 없다. 오히려 『당서唐書』에 따르면 그 해 11월에 첫 번째 고구려 원정군이 파견되었다. 「고구려본기」를 보면 당군의 준비는 이미 7월부터 시작되고 있었다.

이러한 점을 감안하면 연개소문이 직접 출병한 것은 신라의 두 성을 함락시키고자 한 것이 아니라 남부 지역의 국경 경비 상황을 시찰하기 위한 것이었을지도 모른다. 그가 무엇보다 신경 쓴 것은 수에 이어 당이 고구려 원정을 시작했다는 것이었다. 그런 의미에서 연개소문의 쿠데타는 당이 고구려를 공격할 수 있는 기회를 제공한 셈이다. 고구려 중추부의 혼란한 상황을 틈타서 당군이 공격해 올 가능성은 충분히 있었다. 게다가 당의 조문사는 고구려의 실태를 파악하고자 했던 첩자로 생각할 수밖에 없다. 내부 사정을 파악한 당이 그리 머지않은 시기에 공격해 올 것임을 연개소문도 간파하고 있었을 것이다. 따라서 고구려는 신라 따위를 걱정할 정도로 한가롭지 않았다. 자신의 발등에 불이 떨어졌는데 다른 나라의 사정을 봐줄 여유가 없었던 것이다.

고구려는 신라나 백제를 지나치게 과소평가하고 있었다. 양국의 존재가 당나라와의 전쟁에 관계될 것이라고는 생각하지 않았다. 그 이유는 매우 단순했다. 다른 두 나라에 비해 고구려는 지나치게 강했고, 수의 공격을 물리친 과거 실적도 있었기 때문에 이번에도 당군을 물리칠 수 있다는 자신감에 차 있었던 것이다. 또한 몇 번이고 원정군을 이겨내면 당도 포기할 것이라고 생각했다. 당 태종·고종의 의지를 너무 쉽게 보고 있었다.

또 백제·신라가 당의 책봉 체제에 편입되어 있는 이상 당이 명령하면 겉으로라도 고구려를 공격해야 하는 입장에 있다는 것을 간과하고 있었다. 이는 백제가 신라를 쓰러뜨릴 것이라는 예측을 전제로 한 것으로, 그렇게 되면 신라는 공격하지 못할 것이고 백제도 통치 작업으로 바빠질 것이니 당의 명령을 따르지 않을 것이라는 계산이었다.

만약 당이 고구려 원정만 심중에 두고 있었다면 고구려의 계산대로 되었을 가능성이 높았다. 그러나 당은 고구려뿐만 아니라 한반도 전체를 노리고 있었다. 그 때문에 세 번에 걸친 고구려 원정 실패 후에 신라의 요구를 받아들여 백제 원정을 계획한 것이다. 이 시점부터 고구려의 계산대로 움직이지 않기 시작했다.

일본에 대한 관심

고구려에서 돌아온 김춘추는 김유신과 함께 신라의 앞날에 대해 논의했다.

고구려는 당과의 전쟁에 신경이 곤두서 있었다. 그 때문에 백제에게 남방진출을 허락했다. 백제는 고구려와 당의 전쟁이 끝나기 전에 신라를 병탄하려고 했다. 그럼 신라는 어떤 노선을 취해야 하는가?

"춘추공 수고하셨습니다."

"아니오. 아무런 성과도 없었는데 무슨 인사를 받겠소."

"그럼, 고구려는 백제를 견제하는 데 아무 도움도 되지 않는 것입니까?"

"음……. 그뿐이 아니라오. 연개소문은 오히려 백제가 신라를 침범해서 당과의 전쟁에 협력해 줄 것을 기대하고 있는 듯했소."

"그 정도일 줄이야……. 그럼 역시 우리나라는 홀로 백제에 대항할 수밖에 없군요. 그렇다면 제가 백제군을 단번에 제압하는 모습을 보여 드려야 되겠군요."

"고맙소, 유신공. 공의 용맹함은 잘 알고 있소. 그러나 한 사람의 영웅만으로는 전쟁에서 이길 수 없소. 만약 당신이 병이라도 난다면 우리 군의 사기는 순식간에 떨어질 것이오. 냉정하게 생각할 때 현 시점에서 신라의 국력으로는 백제를 이길 수 없소."

"그렇다고, 이대로 있을 수만은……."

"물론, 좌시할 생각은 없소. 내 생각에 당의 노림수는 고구려 한 나라만이 아닐 것이오."

"네? 그러면……."

"아마 국내 정비를 끝마쳤으니 당은 동북정책을 매듭짓기 위해 고구려 원정을 단행할 것이오. 그 다음에는 한반도 남부를 정리하려 할 것이오. 만약 우리가 백제를 차지한다 해도 당이라는 대국이 기다리고 있을 것이란 말이오. 그것은 백제도 마찬가지일 텐데, 웬일인지 의자왕은 그런 것에는 신경도 쓰지 않는 듯하오."

"당이 한반도를 정복하려는 맘을 먹고 있단 말입니까?"

"틀림없을 것이오."

"그럼 우리의 운명은……."

"절망적이지요. 그러나 최악이 되면 언제나 생각지도 않은 바보 같은 계획이 떠오르는 법. 유신공 나는 결심했소."

"무엇을 말입니까?"

"신라가 한반도를 통일하는 것이오."

"어떻게 그런 일을……."

"가능할지 어떨지는 모르겠소. 다만 그렇지 않으면 신라는 망하는 길밖에 없소."

"그러나 어떻게……."

"내게 생각이 있소. 그러나 말하기 전에 가봐야 할 곳이 있소이다."

"예? 고구려에서 막 돌아오지 않았습니까? 그곳이 어디입니까?"

"당이 염두에 두어야 할 제4의 나라, 바로 왜국이오."

김춘추와 김유신 사이에 실제로 위와 같은 대화가 있었는지 알 수 없다. 필자의 상상일 뿐이다. 그러나 김춘추는 고구려에서 돌아온 지 5년 후인 647년에 분명히 일본을 방문했다. 김춘추가 바로 일본에 가지 않고 5년을 보낸 이유가 있다. 하나는 백제의 공격이 심해졌기 때문이고, 다른 하나는 비담毗曇의 난이 일어났기 때문이다.

백제는 당의 고구려 원정과 시기를 같이하여 신라 지역에 군사적으로 진출하였다. 백제로서는 당의 관심이 고구려에 몰려 있을 때 단숨에 신라를 공격하여 대세를 결정짓고 싶었음에 틀림없다. 그렇지만 김유신이 완강히 버텨냈고, 백제군과 신라군은 계속 일진일퇴의 공방전을 벌이고 있었다. 출병을 거듭하던 김유신에게 동정이 갈 정도이다. 몹시 피곤한 상태로 개선하고서도 김유신은 집에 가보지도 못한 채 다시 전장으로 나갈 수밖에 없었다. 사료를 보아도 '신라에는 다른 장군이 없었는가?'라는 의문이 들 정도이다. 물론 김유신 혼자 전투를 할 수는 없다. 이름 모를 많은 병사들이 있었고, 김춘추도 전략이나 후방 지원 등의 형태로 여기에 관여하고 있었을 것이다.

백제의 공격이 그친 후 김춘추는 일본에 가려고 했지만, 백제의 공격은 멈추지 않았다. 하루빨리 대백제외교의 타개책을 찾아야 했다. 이에 김춘추는 후사를 김유신 등에게 맡기고 일본에 갔을 것이다. 그렇지만 '비담의 난'만은 처리해야 안심하고 일본에 갈 수 있었다.

비담의 난은 647년 정월에 이찬 비담과 염종廉宗 등이 일으킨 내란이다. 그들의 요구는 여성인 선덕여왕을 폐하고 남성 왕을 세워야 한다는 것이었다. 여기에는 사실 당의 외교정책이 얽혀 있었다.

사건의 발단은 643년까지 거슬러 올라간다. 김춘추가 고구려에서 무사히 귀국한 후, 신라는 비상대책으로 당에 어려움을 호소하기 위해 9월에 사자를 당에 파견해서 다음과 같이 진상했다.

"고구려와 백제가 우리나라를 침략하고 있습니다. 그리고 양국은 자주 신라 영내의 수십 곳의 성을 공격하고 있습니다. 양국은 군사적으로 연합하여 기어코 신라의 성을 차지하고자 이달 9월에 대대적으로 병사를 일으킬 계획을 세우고 있습니다. 그 때문에 우리나라 사직은 보존할 수 없게 되었습니다. 신라는 배신陪臣인 저를 대국인 당에 파견하여 삼가 대국의 명령을 받들고자 합니다. 바라건대 군대를 파견하여 신라를 구해 주시기 바랍니다."

여기에 대한 당 태종의 대답은 다음과 같았다.

들여다보기

7세기 신라와 백제의 세력 다툼

643년 11월 백제는 고구려와 동맹하여 신라의 당항성을 공략하고 신라가 당으로 가는 길목을 막고자 했다.

644년 9월 신라왕은 김유신을 대장군으로 임명하고 백제를 공격하도록 했다.

645년 정월 김유신이 돌아와 왕을 배알하기 전에 백제가 공격해 왔다. 그 때문에 김유신은 다시 출격했다.

5월 당이 신라에 고구려 원정을 위해 출병하도록 했을 때, 백제가 신라 서부의 7성을 공략하자 김유신을 파병했다.

647년 10월 백제 장군 의직이 신라의 무산성에 진출하여 감물성과 동잠성을 공격했지만 김유신에게 패했다.

648년 3월 백제 의직이 신라 서부 국경의 요차성 등 10여 성을 탈취했다.

4월 백제 의직이 신라의 옥문곡까지 진군했지만 김유신에게 패했다.

649년 8월 백제는 좌장군 은상에게 7천 군을 이끌고 신라의 석토성 등 7성을 탈취하도록 했다.

"내가 군을 약간 파병하고, 거기에 거란군과 말갈군을 통합한 직후 요동 지역으로 진군한다면 귀국은 해방될 것이다. 1년 동안은 포위망이 풀어질 것이다. 이것이 첫 번째 방책이다. 그러나 그 후 후속 파병이 없다는 것을 알게 되면 적병은 돌아와서 하고 싶은 대로 노략질을 할 것이다. 그렇게 되면 네 나라가 함께 어지럽혀지고 귀국도 안전하지 못할 것이다."

"다음으로 내가 수천의 빨간 군복과 붉은 깃발을 귀국에 증정하는 것이다. 만약 고구려와 백제 두 나라가 침공해 온다면 이 포와 깃발을 세워 놓도록 하라. 그들은 이것을 보고 우리 병사가 있는 것으로 생각하고 도망갈 것이다. 또한 백제는 바다의 요해에 있다는 것을 자만하여 병기 수리를 태만시하고 있다. 게다가 남녀가 뒤섞여 서로 모여 놀기를 좋아한다. 따라서 내가 수백 척의 배에 무장한 병사를 태우고 입에 나뭇가지를 물고 조용히 바다를 건너 백제를 공격하는 것도 가능하다. 그러나 신라는 부인을 왕으로 삼고 있기 때문에 이웃 나라에 무시당하고 있다. 그 결과야 어쨌든 왕을 잃고 적의 공격을 받아 안심하고 쉴 수 있는 해가 없을 것이다. 이에 제안하는 바이니 내가 일족 한 사람을 보낼 것이다. 그 사람을 귀국의 왕으로 삼도록 하라. 그러면 나도 그 사람을 방치할 수 없으니 당연히 병사를 보내 그를 경호할 것이다. 그리고 귀국에 평화가 찾아오는 것을 기다려, 그 후는 귀국에게 스스로 지키도록 맡기는 것이다. 이것이 세 번째 방책이다. 어느 쪽이 좋을지 잘 생각하여 따르도록 하라."

그러나 사신은 입을 다문 채 답변을 하지 않았다. 물론 이러한 중요한 문제에 대해 바로 대답할 수 있는 입장도 아니었다. 당 태종은 탄식하며 중얼거렸다.

"이놈에게는 병사를 요청하면서 사태의 긴박함을 알릴 수 있는 재능도 없구나."

신라 사신의 역할은 작년에 백제가 침략한 데 대해 보고하고 올해 9월에 다시 대규모의 침략이 있을 것, 이와 함께 군대 파견을 요청하며 구원을 의뢰하는 것이었다. 그 이상의 권한은 없었다.

태종의 요구는 결국 세 번째 방책이었고, 자신의 일족을 신라에 왕으로 보내려는 속내였다. 즉 파병에 대한 대가로 자신의 일족을 신라왕으로 즉위시키려는 것이었다. 그러니 어떤 재치 있는 자라도 이 말에 바로 답변할 수 없었을 것이다. 이것은 실제로 당이 신라를 복속시키려는 책략이었다. 신라가 이 제안을 받아들일 리 만무했다.

태종의 이 제안은 농담으로 끝나지 않았다. 선덕여왕 말년인 4년 후, 전술한 비담의 난이 일어난 것이다.

647년은 선덕여왕 말년으로 진덕여왕 원년에 해당한다. 비담과 염종이 여왕으로는 도리를 분명히 밝히는 정치를 할 수 없다며 거병하여 여왕을 폐하고자 했으나 여왕은 직접 왕궁 내에서 이를 막았다. 여왕 암살에 실패한 비담 등은 명활성明活城으로 들어갔다. 왕의 군대는 월성月城에 주둔하며 10일에 걸친 공방전만 계속했다. 그러던 중 한밤중인 12시에 큰 별이 월성으로 떨어졌다. 비담은 자신의 병사들에게 다음과 같이 말했다.

"별이 떨어진 곳에는 반드시 유혈이 일어난다고 들었다. 이것은 여왕이 패할 징조이다."

병사들이 함성을 지르니 그 소리가 땅을 뒤흔들었다. 여왕은 두려워하며 어찌할 바를 몰랐다. 궁중에서는 비담의 쿠데타가 실패했지만, 그 세력이 예상을 뛰어넘었음을 엿볼 수 있다.

애초에 여왕이 정치를 한다는 것은 장벽이 많았다. 여왕치세에 반대하는 귀족층도 있었을 것이다. 여기에 당 태종의 여왕부정론이 거론된 것이다. 반대파가 세력을 얻을 수 있었던 것도 당연하다. 비담 등에게는 잠재적 찬동자가 많았다. 그것을 억눌러 온 것은 김춘추의 정치적 수완과 김유신의 군사적 충성심이었다.

비담의 난 때에도 유신은 동요하는 선덕여왕에게 길흉은 변화하는 것이고, 그것을 좌우하는 것은 인간의 마음가짐이라고 격려했다. 그리고 불이 붙은 연을 하늘에 날려 "떨어진 별이 하늘로 돌아갔다."고 충성스런 부하에게 말하도록 하여 자기 편의 불안감을 없애고, 적병들을 의심에 빠지게 했다. 그는 이러한 양동작전 전개와 함께 별이 떨어졌다고 하는 지점에서 신에게 백마를 바치는 의식을 거행했다.

김유신은 신에게 기원하는 중에 주위의 병사와 백성들에게 군신상하의 질서를 어지럽히는 비담 등은 난신적자亂臣賊子요, 그들을 하늘이 결코 용서하지 않을 것이라고 했다. 그 결과 아군은 자신들이 정의라고 여기고 의기양양하여 마침내 비담군을 물리쳤고, 비담은 9족까지 처형당했다. 9족을 처형한 것은 상당히 엄한 벌에 해당한다. 왕에게 모반했기 때문이기도 하지만, 두 번 다시 이런 일이 일어나지 않도록 본보기를 보여준 의미도 있었다.

『구당서』에는 비담의 난에 대해서 아무런 기록도 없다. 선덕여왕의 훙거에 관한 기사만 있을 뿐이다.

선덕왕이 죽었다. 이에 광록대부光祿大夫의 칭호를 내렸다. 이외의 관위와 봉록은 원래와 같이 한다. 그 동생 진덕이 왕위에 즉위했다. 이에 주국柱國을 더하여 주고 낙랑군왕樂浪郡王에 봉했다.

비담의 난이 일어난 해에 선덕여왕이 사망했음을 전하고 있다. 이 기사를 믿는다면 비담의 쿠데타는 궁정 내에서 선덕여왕을 죽이지는 못했지만 중상을 입혔고, 그 때문에 선덕여왕이 죽었다고 생각할 수 있다. 또한 「신라본기」 진덕여왕의 기사에 따르면 비담의 처형은 같은 해 정월 17일에 이루어졌다. 즉 선덕여왕은 비담의 난 중에 사망했다고 보아야 한다. 따라서 김춘추가 일본에 갈 상황이 아니었다.

그러나 태종의 발언과 비담의 난을 통해 김춘추 등이 얻은 것도 있었다. 한반도에 대한 당의 야심을 명확히 알게 된 것이다. 당은 당시 고구려만을 목표로 한다고 하면서 신라에게도 고구려 원정에 참가할 것을 명령했다. 하지만 당은 자국의 왕족을 신라왕으로 삼으려는 의도도 가지고 있었다. 당의 목표가 고구려 다음에 신라·백제임을 신

김춘추의 활동 69

| 선덕여왕릉 | 경북 경주시 보문동 소재

라는 알게 된 것이다.

  신라는 백제의 침공을 막기 위해 당에 파병을 요청했으나, 그 파병군은 가까운 미래에 신라를 기습할 가능성이 있는 군대였다. 그렇다고 자력으로 백제군을 물리칠 수 있는 군사력이 신라에게 있는 것도 아니었다. 김유신이 아무리 분전한다 해도 그것은 국지적인 승리에 불과했다. 결국 열세를 면하지 못한다는 것이 신라의 현실이었다.

김춘추의 일본 방문

 '백제·고구려 연합군의 공격을 이겨내고, 끌어들인 당의 대군에 대해서도 독립성을 지닌다.'

 이 난해한 문제를 해결하기에는 신라는 정보가 부족했다. 김춘추에게는 비담의 난 여파가 누그러질 때까지 기다릴 여유가 없었다.

 『신당서』에 따르면 647년 3월, 당 태종은 좌무위대장군左武衛大將軍 우진달牛進達을 청구靑丘도행군대총관, 우무위장군 이해안李海岸을 부관으로 삼아 내주萊州에서 바다를 건너도록 하고, 이적李勣을 요동遼東도행군대총관으로 삼고 우무위장군 손이랑孫貳朗과 우둔위右屯衛대장군 정인태鄭仁泰를 부관으로 삼아 영주도독營州都督 병사를 이끌고 고구려를 공격하도록 했다.

 고구려가 당군을 맞아 사력을 다해 싸우는 동안 김춘추는 일본을 방문한 것이 아닐까?

『일본서기』에는 김춘추가 일본을 방문한 것이 같은 해인 647년으로 기록되어 있다. 일본의 코토쿠 정권도 한반도나 중국대륙의 동향에 주의를 기울이고 있었다. 645년 승려 민과 다카무코노 쿠로마로 두 사람을 국박사國博士로 삼은 것은 적극적인 외교정책의 표현이다.

두 사람은 608년에 귀국하는 배세청裵世淸을 따라 수나라에 유학하러 간 동료였다. 민은 631년에 귀국했으며, 구로마로는 640년에 귀국했다. 두 사람 모두 수에서 당으로 왕조가 교체되는 것을 직접 목격했고, 새로운 율령을 경험한 인물들이었다. 그들을 국박사로 기용했다는 것은 코토쿠가 당의 체제를 일본에 들여오고자 했음을 의미한다.

게다가 코토쿠는 645년 12월에 수도를 난바難波의 나가라 토요사키長柄豊碕로 옮겼다. 외교정책을 전개하는 데에는 내륙의 아스카飛鳥보다 바다와 가까운 난바가 편리하다고 생각했기 때문이다. 내륙의 아스카에 궁을 두면 정보가 늦어지기 때문에 적극적으로 외교를 전개하기 위해서는 항만의 상황을 잘 알고 있어야 했다.

한편 일본으로 김춘추를 불러들인 것은 다름 아닌 국박사 다카무코노 쿠로마로였다. 『일본서기』다이카大化 3년 시세조에 다음의 내용이 있다.

신라는 상신 대아찬 김춘추 등을 파견했다. 그들은 박사 소덕小德 다카무코노 쿠로마로, 소산중小山中 나카토미노무라지 오시쿠마中臣連押熊와 함께 공작 한쌍, 앵무새 한쌍을 헌상했다. 이에 춘추를 객인客人으로 환영했다. 춘추는 용모가 아름답고 담소를 잘 나누는 사람이었다.

사실 다카무코노 쿠로마로는 전 해 9월 신라에 파견되었다. 『일본서기』에 따르면 그의 임무는 "임나任那의 조調를 파하는 대신에 인질의 공납을 요구하러 갔다."고 나온다. 그러나 '신라의 인질'이란 이듬해 있었던 김춘추의 내방 사실을 인질로 표현한 것에 지나지 않는다. '임나의 조'에 대해서도 원래 '임나의 조'를 신라에게 공납시킨다는 것은 불가능하기 때문에 이 기사는 그대로 믿을 수 없다.

이보다 중요한 것은 만약 646년 다카무코노 쿠로마로가 실제로 신라에 파견되었다면 그가 비담의 난을 목격했을 것이라는 점이다. 쿠로마로가 외교관으로서 비담의 난에 대한 전말을 구체적으로 파악하고 있었다면 신라의 상황, 백제·고구려의 관계, 당의 야망 등도 여실히 알고 있었을 것이다. 그렇다면 이러한 풍부한 정보를 쿠로마로는 코토쿠에게 전했을 것이다.

당시 일본이 당이나 한반도 정세에 어두웠다는 모리 키미유키森公章의 견해가 있지만, 여러 가지 상황을 고려해 보면 그와 같은 견해는 성립할 수 없다.

쿠로마로는 오랫 동안 중국에서 유학 생활을 했기 때문에 중국어에 능통했을 것이고 신라 귀족들과도 중국어로 대화를 나눌 수 있었을 것이다. 당시 중국어는 현대의 영어와 같은 동아시아의 국제어였다. 김춘추를 일본에 데려 온 사람이 쿠로마로임을 생각할 때, 쿠로마로가 김춘추와의 대화에서 많은 정보를 얻었으리라는 것도 쉽게 추측할 수 있다.

코토쿠의 외교정책은 한층 더 나아갔다.

『일본서기』에 648년 2월 1일 "삼한三韓에 학문승을 보내었다."는 기록이 있다. 삼한은 고구려, 백제, 신라 한반도 삼국을 의미한다. 각각의 나라에 학문승을 파견하고 삼국으로부터 좀 더 많은 정보를 얻고자 한 것이다. 이에 신라도 왜국에 사신을 파견했다. 코토쿠 정권 하에서 일본과 신라의 관계는 좋았던 것이다.

김춘추는 어떤 목적으로 일본에 간 것일까?

물론 일본의 정세를 파악하러 간 것이지만, 단지 그뿐이었을까? 비담의 난이라는 국내 변란 직후에 일부러 일본행을 택한 것을 보면 그만큼 필요성이 있었음에 틀림없다.

우선 생각해 볼 수 있는 것은 당시 일본에서 코교쿠 여제에서 코토쿠 왕조로 교체된 사건이 결과는 다르지만 비담의 난과 유사해 김춘추의 흥미를 끌었을 수도 있다는 점이다. 그리고 당 태종의 발언을 따른 듯 여왕을 폐한 일본이 앞으로 당과 어떠한 외교를 펼치고, 한반도 삼국과 어떻게 관계를 맺을 것인가 알고 싶었을 것이다.

그때까지 일본은 을사乙巳의 변變(나카노 오에 왕자가 소가노 이루카蘇我入鹿를 살해한 사건)을 국내 사정으로만 해석해 왔지만 그것만으로는 충분하지 않았다. 당 태종의 "여성을 왕으로 추대하는 나라는 이웃 나라에게 무시당한다."라는 말은 신라에게만 해당된 말이 아니었을지도 모른다. 일본에 그런 말을 직접 전했다고는 생각되지 않지만, 당이 신라에 대해 한 발언은 동아시아 전역에 전해졌을 가능성이 있다.

을사의 변으로 소가노 이루카가 피살될 때 후루히토노 오에古人大兄 왕자가 "한인韓人이 쿠라스쿠리노오미鞍作臣를 죽였다."라고 발언한 것은 이와 관련이 있을 것이다. 『일본서기』는 을사의 변을 나카노 오에 왕자에 의한 소가씨 타도라는 드라마틱한 내용으로 묘사하고 있다. 『일본서기』에는 '한정韓政'이라고 표현되어 있지만, 사실은 한반도만의 문제가 아니라 당을 포함한 동아시아 전체에 대한 외교 방침을 둘러싸고 대립이 생기고 있었던 것이다.

자세한 것은 생략하지만 코교쿠 여제가 퇴위한 것만 보아도 을사의 변을 추진한 자들은 당의 발언을 중시해 여왕을 폐하고 남성을 왕으로 세운다는 방침을 관철한 것을 알 수 있다. 그가 코토쿠 왕이다.

여기서 코토쿠가 기본적으로 친당노선을 취했다는 것을 확인할 수 있다. 김춘추는 앞으로 일본이 어떠한 외교를 전개할지 자신의 눈으로 확인하고, 이러한 상황에 어떻게 대처할지 고민해야 했다.

김춘추는 세토내해瀨戶內海 항로를 통해 난바에 갔을 것이다. 도중에 세토내해의 섬들을 보며 김춘추는 아름다운 풍경과 함께 이 내해에 좋은 항구가 많음을 느꼈을 것이다. 그러나 그는 한반도 주위에도 섬

| 고교쿠 여왕 | 코교쿠는 나카노 오에의 어머니로서 소가씨와 함께 친백제 노선을 취한 여왕이다.

이 많음을 상기하면서 양국의 수군력을 비교했을 것이다.

"여기는 백제의 해안과 비슷하다. 해적들이 이 섬의 뒤편에 선단을 잠복시켜 놓으면 여기를 통과하는 배는 꼼짝 없이 그들의 먹잇감이 될 것이다. 도대체 이 내해에는 그런 선단이 얼마나 숨어 있는 것일까?"

이런 상상을 하면서 김춘추는 세토내해를 지나지 않았을까? 그리고 난바항 가까이에 난바궁이 있는 것을 보고 내륙부에 있는 경주와 비교했을 것이다.

"왜국의 왕은 바깥 세계를 향해서 개방적인 사고방식을 갖고 있는 것 같다. 그렇지 않으면 이렇게 항구에 가까운 곳에 궁을 쌓을 리가 없다. 보통은 바다로부터의 습격을 피해 내륙 안쪽으로 들어가 궁을 건설하는데……. 그러나 생각해 보면 긴 내해를 통과하지 않으면 이 난바궁에 도달할 수 없다. 이곳에 오기까지 몇 곳에 걸쳐 방어선이 이어져 있다. 오히려 여기까지 도달할 수 있는 외부 세력이라면 조금 내륙 안쪽에 궁을 세운다고 해도 크게 차이가 없을지도 모른다. 이런 상황이라면 오히려 내해에 접한 장소에 궁을 세우는 편이 여러 가지로 편리할 수도 있다. 왜국의 왕은 꽤 개방적인 명군인 것 같다."

코토쿠를 만난 뒤 김춘추는 특유의 미소와 반듯한 예의로 사람들에게 가까이 다가갔다. 그리고는 담소를 나누며 중요한 정보를 얻었을 것이다.

『일본서기』에는 김춘추의 귀국 기사가 보이지 않기 때문에 그가 일본에 언제까지 있었는지는 알 수 없다. 다만 「신라본기」에 따르면 김춘추는 648년에 당에 파견되었기 때문에, 같은 해 2월 코토쿠가 삼국에 유학승을 파견할 때 그도 같이 귀국했다고 보는 것이 가장 자연스럽다. 그렇다면 불과 몇 개월 간의 일본 체류였다고 추정하는 것이 가장 타당하다.

미이케 켄이치三池賢一는 「『일본서기』 김춘추 내조來朝 기사에 대해서」라는 글에서 '김춘추의 일본 체류 기간이 1개월이 채 안 되기 때문에 기간이 지나치게 짧은 '인질'은 의미가 없다'고 하면서 '김춘추의 내조는 생각할 수 없고, 『일본서기』 편자의 창작이다'라는 결론을 내렸다. 그러나 미이케의 생각은 '김춘추=인질설'에 갇혀 있다. 김춘추가 인질이 아님은 명백하다. 다카무코노 쿠로마로의 신라 방문 등의 사실을 생각하면 김춘추의 내조를 의심할 필요는 없다.

단기간이라고 해도 김춘추는 당면과제에 대한 정보를 얻을 수 있었을 것이다. 물론 그는 일본의 외교정책이 신라에게도 중요하다는 것을 인식하고 있었다.

코토쿠가 649년 5월 1일 소화하小花下 미와노쿠미 시고부三輪君色夫, 대산상大山上 카니모리노무라지 츠노마로掃部連角麻呂 등을 신라에 파견하자 신라에서는 사탁부 사찬 김다수金多遂를 파견했다. 그러나 김다수는 혼자 일본에 온 것이 아니었다. 『일본서기』의 같은 해 시세조에 따르면 다수는 종자從者 37명을 데리고 왔다. 이들은 승려 1명, 시랑侍郎 2명, 보좌관 1명, 달관랑達官郎 1명, 중객中客 5명, 재기才伎 10명, 통역 1명, 기타 겸인傔人 16명으로 구성되었다.

김다수라는 인물에 관한 정보는 『일본서기』에도, 『삼국사기』에도 더 이상 나오지 않는다. 그러나 종자가 37명이나 된다는 사실로 미루어 볼 때 김춘추가 김다수를 통솔력과 정보 수집 능력면에서 꽤나 인정했음을 알 수 있다. 그 정도의 인원을 일본에 보낸 김춘추의 의도는 명확하다. 일본이 친당노선인 이상, 일본과의 외교는 매우 민감하고 중요했다. 따라서 우수한 인재를 보내 자세한 정보를 다양한 분야에서 입수해 대처해야 했다.

김춘추는 왜 이토록 일본의 동향에 신경을 쓴 것일까? 그 이유를 한 마디로 말하기는 어려우나 그의 일본에 대한 분석을 상상해 보자.

첫째 일본은 코토쿠 정권으로 바뀐 뒤 친당노선을 취하고 있다.
둘째 기본적으로 일본의 외교노선은 한반도와 우호적인 관계를 맺으려는 것이다.
셋째 일본에는 백제 왕자인 부여풍扶餘豊이 있다.

첫번째는 코토쿠가 아직 카루輕 왕자였을 때 전前 왕조인 코교쿠를 전복시킨 이유이기도 하다. 아마 김춘추는 쿠로마로나 승려 민, 쇼안 등의 수·당 유학생과 대화 중에 을사의 변에 대한 상세한 내용을 들었을 것이다.

김춘추 : 그렇다 치더라도 카시키야히메炊屋姬(코교쿠) 여왕은 카루 왕자의 실제 누나였지 않나요? 그런 사람을 퇴위시키는데 반발은 없었습니까?
쿠로마로 : 물론 있었죠. 그러나 당신도 느꼈듯이 현재 동아시아 정세는 그러한 개인적 감정을 허락할 만큼 간단하지 않습니다.
김춘추 : 그야 그렇죠.
승려 민 : 카시키야히메 여왕은 그러한 정세에 그다지 관심이 없었습니다. 그분의 최대 관심사는 어떻게 하면 자연스레 나카노오에 왕자에게 천황 자리를 물려줄 수 있는가 하는 것뿐이었습니다.
쿠로마로 : 그리고 외교는 소가노 이루카蘇我入鹿님을 중심으로 진

행되고 있었습니다.

김춘추 : 그 이루카라는 분의 외교방침은 어떠한 것입니까?

쿠로마로 : 음……. 이루카님도 동아시아 정세에 대해 매우 관심이 많았습니다.

승려 민 : 이루카님은 나름대로 여러 가지 방책을 생각하고 있었습니다.

쿠로마로 : 춘추공, 사실은 승려 민님은 이루카님의 스승이기도 합니다.

김춘추 : 그것은…….

승려 민 : 이루카님도 당의 율령이나 관료제도에 누구 못지않게 관심을 보이고 있었습니다. 그 까닭에 당의 강대함도 잘 알고 있었을텐데……. 무슨 일인지 백제 중심의 외교노선을 취하려 했습니다.

쿠로마로 : 백제의 의자왕과 뜻이나 성격이 비슷했을지도 모릅니다. 물론 두 사람은 만난 적이 없습니다. 그러나 부여풍을 통해서 서로를 알고 있었을 것입니다.

김춘추 : 그 부여풍이라는 분은?

쿠로마로 : 아직 만나 뵌 적이 없습니까? 백제에서 건너온 풍 왕자입니다.

승려 민 : 그래요. 부여풍이 일본에 온 것은 제가 당에서 귀국하던 해였으니……. 조메이舒明 3년(631)의 일이겠군요. 벌써 16년

전의 일입니다.

김춘추 : 그렇게나 오랫동안…….

승려 민 : 네, 오랫동안 계셨습니다. 그 때문에 풍 왕자는 대왕가를 비롯해 이루카님의 소가씨와도 매우 친합니다.

구로마로 : 그래요. 한 번 만나 보심이 어떠신지?

김춘추 : 네. 그의 아버지인 의자왕에게 우리나라는 많은 고통과 시련을 겪고 있지만, 이곳 일본에서는 본국의 전투는 잊고 허심탄회하게 만나 보고 싶군요.

그들 사이에는 이와 같은 대화가 오갔을지도 모른다. 세 사람의 대화에서 김춘추는 단순히 일본에 대한 정보뿐만 아니라, 오랫동안 당에 있었던 두 사람으로부터 당의 정계, 왕실에 대한 정보도 입수했을 것이다. 물론 김춘추는 신라와 당을 왕래하던 신라 상인들에게서 당의 정보를 듣고 있었을 테지만, 타국의 관점에서 당을 바라보는 것도 중요하다. 그가 얻은 것은 예상외로 컸을 것이다.

김춘추와 부여풍의 회견은 실현되었을까?

『일본서기』에 이와 관련된 기사는 없다. 그러나 김춘추의 일본 체류 기간을 짧게 2~3개월로 보더라도 두 사람이 만날 기회는 충분히 있었다고 생각된다. 하물며 '담소를 좋아하는' 사교적인 춘추였다. 따라서 의심할 여지 없이 풍의 주변 인물에게 연락이 닿아 만남이 성사되었을 것이다.

일본에 머무른 기간은 짧았지만 김춘추는 이전의 정치무대였던 아스카 지역도 방문했을 것이다. 그가 아스카飛鳥 땅을 방문했다면, 생각지 않게 '우리나라(우리 고향)'라고 마음속으로 외쳤을 것이다. 그만큼 경주와 아스카 지형은 닮아 있다.

식생활도 신라와 일본은 매우 흡사하지 않았을까? 한국이 고추장을 사용하여 맵게 요리하는 것은 17세기 일본에서 고추가 전해진 이후의 일이다. 따라서 7세기 백제나 신라에는 고추를 사용한 요리가 없었다. 오히려 일본과 공통점이 많았다. 예를 들어 당시의 부엌에 있었던 부뚜막을 일본어로 구도久度라고도 했는데, 고대 한반도에서도 구들䪿이라고 불렀다. 주식인 밥에 대해서도 공통점이 있다. 밥은 보통 일본어로 '고항(ごはん)'이라고 하지만 고대에는 '이이(いい)'라고 했다. 이것은 쌀[메이(めい)] + 밥[이히(いひ)]→메히(めひ)→메시(めし)로 음편변화 되었는데, 밥을 '이이' 혹은 '메시'라고 발음한 것은 음편변화가 양쪽 모두 남은 결과이다. 그리고 고대 한국에서도 밥을 '메이'라고 했다.

이러한 발음뿐만 아니라 식생에도 공통점이 많다. 산악 풍경도 한반도와 일본의 차이를 느낄 수 없다. 그렇기 때문에 한반도에서 일본으로 건너간 사람들은 음식 문제를 고민하지 않고 살았을 것이다.

한편 부여풍에게는 백제에서 항상 연락이 왔을 것이고, 부여풍은 일본의 정보를 백제에 전했을 것이다. 의자왕이 부여풍을 어떻게 의식하고 있었는가는 확실하지 않다. 그의 주변에는 융을 비롯한 후계자들이 있었기 때문에 부여풍을 일본에 그대로 체재시킬 계획이었을 지도 모른다. 그러나 부여풍이 백제구원군의 선두로 귀환 요청을 받은 것을 보면 결코 잊혀져 있던 인물은 아니었다.

부여풍은 정치가로서의 재능이 탁월하지 못했을지 모른다. 백제부흥전쟁에서의 실패를 보면 알 수 있듯이 전략에 재능이 있던 인물이라고는 볼 수 없다. 그렇다고 그가 왕자로서 부적당했다고도 말할 수 없다. 그는 643년 양봉을 시도한 바 있다. 시세조에는 다음의 기사가 있다.

그 해에 백제 태자 여풍이 꿀벌 집 네 통을 가지고 삼륜산三輪山에서 양봉을 시도했다. 그러나 번식시키지 못했다.

매우 간략해서 구체적인 내용은 알 수 없다. 하지만 외국에서 양봉을 시도한다는 것은 단순히 손님으로 일본에 머물고 있는 왕자로서는 생각할 수 없는 일이다. 만약 양봉이 성공을 거두었다면 일본의 식문화에 큰 변혁을 일으켰을 것이다. 부여풍의 시도가 실패로 끝났지만, 한편으로는 그 방법을 배운 일본인이 다른 곳에 가서 다시 시도했을지도 모른다. 어쨌든 부여풍은 이러한 식산적인 것에 흥미가 있었다. 평화로운 시대라면 충분히 왕으로서 역할을 다했을 것이다.

벌꿀은 나라시대 초기에는 일본 내 생산이 이루어지지 못했다. 천평승보天平勝寶 4년(752) 『매신라물해買新羅物解』(『정창원문서』)라는 매물

문서에 '밀즙'이 등장하고, 천평 11년 12월 발해사가 가지고 온 물건 가운데 '꿀'이 나온다. 이러한 기사를 통해서 벌꿀은 수입품이었음을 알 수 있다. 그런데 백제는 이미 양봉 기술을 가지고 있었고, 감미료라는 식문화가 한층 발전하고 있었다. 당시 일본의 주 감미료는 갈근이나 과당·물엿이었다.

한편 코토쿠의 대외교섭 상대는 신라만이 아니었다. 하쿠치白雉 5년(654) 2월에는 다카무코노 쿠로마로를 책임자인 압사押使로 삼아 견당선 2척을 파견했다. 노년임에도 불구하고 쿠로마로를 압사로 파견한 것은 당에서 지냈던 기간이 길고 중국어에 능통했기 때문에 그를 통해 당에 관한 좀 더 정확한 정보를 얻기 위함이었다. 그러나 쿠로마로는 당에서 객사했으며 코토쿠 자신도 8개월 후에 사망했다.

김춘추는 부여풍과 만나 무엇을 보고, 어떤 것을 기대했을까? 사료는 어떤 내용도 말해 주고 있지 않다. 그러나 김춘추가 만약 당에 의해 백제가 멸망하고 백제 왕실이 장안으로 끌려갔을 때 부여풍이 백제부흥을 위해 본국으로 귀환할 가능성에 대해 전혀 예상하지 못했다고 생각되지는 않는다. 만약 그 정도의 예측도 할 수 없었다면 그는 통일신라의 초석을 닦을 수 없었을 것이다.

가상 신라 회의

　　　　　　　신라 왕실은 두 여왕이 대를 잇고, 백제 의자왕은 그칠 줄 모르는 정복욕으로 나날이 신라에 대한 침공을 강화하고 있었다. 또한 고구려는 비밀리에 백제와 동맹을 맺고 당에 대항하고 있었다. 일본은 친당노선을 취하면서 한반도 삼국에 대해서는 불가침 자세를 취하고 있었다. 한편 대백제전을 위해 의지해야 할 당은 고구려를 정벌한 후에 한반도 전체를 지배할 생각이었다.

　이러한 상황에서 김춘추는 어떤 책략을 가지고 있었을까? 일본에서 돌아온 후 김춘추의 주변 모습을 상상해 보자.

　김춘추의 곁에는 장남 법민, 차남 인문이 있고, 김유신 장군의 옆에는 김다수가 자리를 잡고 있었다. 법민·인문의 어머니가 김유신의 누이동생이므로 둘의 관계는 조카와 숙부 지간이다. 또한 진덕여왕은 김춘추의 대숙모에 해당되기 때문에 집안 모임이라 할 수 있다.

진덕여왕 : 춘추, 수고하셨소.

김춘추 : 폐하! 저는 당에 가야만 합니다.

진덕여왕 : 아니, 지금 왜국에서 막 돌아오지 않았소?

김유신 : 왕자님! 그게 무슨 말씀이십니까?

김춘추 : 폐하! 그리고 장군, 오늘 이 자리는 저의 비책을 모두에게 말씀드리는 자리입니다.

김춘추 : 폐하! 지금 이대로라면 신라는 망합니다. 아니 신라뿐만 아니라 한반도의 모든 나라가 멸망할 것입니다.

진덕여왕 : 그게 무슨 소리요?

김유신 : 왕자님 자세히 설명해 보십시오.

김춘추 : 우리 신라는 백제의 계속된 공세를 받고 있습니다. 다행히도 김유신이라는 명장이 있어 지금까지 버텨오고 있습니다만 이대로는 경주의 동해안이나 자연조건이 열악한 동북 땅으로 쫓겨나고 말 것입니다.

김법민 : 설마…….

김춘추 : 아들아, 강한 척하는 것은 어떤 해결책을 내는데 도움이 되지 않는다. 현실을 직시해야 한다. 우리는 계속해서 당에 원군을 요청해 왔습니다. 그렇지만 당은 우리가 생각한 군자의 나라가 아니었습니다. 폐하! 선왕 12년(643) 신라가 당에 보낸 사자에게 태종이 한 말을 기억하고 계십니까?

진덕여왕 : 물론입니다. 선덕여왕을 여성이라는 것만으로 욕되게

했지 않습니까?

김춘추 : 그렇습니다. 저는 그 말에서 당이 노리고 있는 것은 고구려의 복종이 아니라 한반도 전체의 지배라는 것을 확신했습니다.

김유신 : 그렇군요.

김춘추 : 고구려 다음은 백제, 아니면 우리 신라일 것입니다. 고구려의 멸망은 신라의 멸망이고, 한반도의 멸망입니다.

김법민 : 예? 아버님 거기까지…….

김춘추 : 제가 고구려에 갔을 때 연개소문과 협정할 수 있을까 하고 탐색한 적이 있습니다. 고구려는 표면상으로 백제와 동맹을 맺고 있습니다. 그것은 당연한 일입니다. 서쪽에서 당의 군세에 압박당하고, 남으로 백제군에게 공격당한다면 아무리 고구려라 해도 버텨낼 수 없습니다. 고구려로서는 어떻게 해서든 당군만 적으로 상대하고 싶을 것입니다. 백제는 남하정책을 전개하는 데 고구려에게 방해받고 싶지 않았기 때문에 동맹을 맺었던 것입니다.

김유신 : 결국 고구려는 적을 최소화하기 위해 백제의 신라 공격을 인정할 수밖에 없었던 거군요. 그러니 고구려의 입장에서는 우리 신라와 손을 잡을 필요가 없다는…….”

김춘추 : 바로 그렇습니다. 그러나 이 일은 한반도 전체의 문제입니다. 어떻게 해서든 비밀리에 고구려와 손을 잡으려고 노력

했지만 허사였습니다.

진덕여왕 : 어쩔 수 없구나. 원래 고구려와 신라는 우호적이지도 않았지.

김법민 : 그럼, 아버님. 우리들은 어떻게 하면 좋단 말입니까? 앉아서 그냥 죽음을 기다릴 수는 없지 않습니까?

김춘추 : 서두를 필요없다. 체념하면 지는 것이다. 폐하! 우리 신라는 백제는 물론 고구려도 상대해야 합니다. 당장 해야 할 일은 당에서 원군을 불러 백제를 무너뜨리는 것입니다.

김법민 : 예? 장차 우환이 될 당군을 한반도로 끌어들이자는 말씀이십니까?

김춘추 : 지금은 그것마저도 여의치 않다. 이대로라면 당에게 한반도가 유린당하기 전에 우리가 백제에 멸망당할 것이다. 그것만은 어떻게 해서든 피해야 한다. 그 때문에…….

김유신 : 당이 먼저 고구려를 무너뜨려서는 안되는군요.

김춘추 : 역시 장군답소! 그렇소. 당이 고구려를 무너뜨리고자 하는 것은 고구려가 원래 강대한 나라이기 때문입니다. 신라나 백제는 안중에도 없는 듯 합니다. 그것이 사실이기도 하고요. 당은 북쪽부터 순서대로 고구려, 백제, 신라순으로 한반도를 정복하면 된다고 생각하고 있을 것입니다. 그러나 안 될 말입니다. 우선 우리 신라는 당을 이용해야 합니다. 고구려전에 앞서 백제전에 병사를 파견해야만 합니다. 이를 위해 법민, 인문

너희들이 할 일이 있다.

김법민·김인문 : 예? 저희들이요? 무슨 일입니까?

김춘추 : 나중에 자세히 설명하겠다. 폐하! 마지막으로 왜국에 대해 보고를 드리겠습니다. 왜국은 선왕 14년 쿠데타가 일어나 여왕을 폐지하고 동생인 카루 왕자를 왕으로 추대했습니다. 우리나라의 비담의 난과 매우 흡사했습니다. 새롭게 코토쿠 천황으로 즉위한 카루 왕자는 친당노선을 취하고 있습니다. 이것은 우리 신라에게는 매우 좋지 않은 소식입니다.

진덕여왕 : 왜 좋지 않단 말인가?

김유신 : 왜국이 친당노선을 걷는다는 것은 우리와 당이 전쟁할 때 가장 가까운 이웃나라에게 공격을 당할 가능성이 있다는 것입니다.

진덕여왕 : 그러나 일부러 바다를 넘어 신라까지 공격해 오겠는가?

김춘추 : 공격해 올 것입니다. 솔직히 저도 왜국의 개혁이 그 정도로 진행되고 있다고는 생각지 않았습니다. 그러나 왜국의 개혁에는 당에 유학하고 온 사람들의 활약이 컸던 것 같습니다. 우리는 당과 교류를 하고 있습니다만 백제에게 막혀 당의 제도 도입에는 조금 늦은 감이 있습니다. 사실 저는 왜국의 동향이 한반도의 운명을 쥐고 있다고 생각합니다.

진덕여왕 : 그것은 무슨 이유에서인가?

김춘추 : 왜국이 이대로 계속 친당노선을 취한다면 한반도가 당의

지배하에 들어가도 바다 너머에 있는 왜국은 당이 자신들까지 노릴 것이라고 생각지 않을 것입니다. 결국 코토쿠 왕의 생각은 맞을 것입니다. 우리 신라는 어떻게 해서라도 왜국을 이 한반도의 전란에 말려들게 해야 합니다. 물론 반당 세력으로 말입니다.

진덕여왕 : 그것이 가능한 일인가?

김춘추 : 가능하고 말고가 아니라, 하지 않으면 안 됩니다. 왜국이 친당 노선을 걷도록 놔둔다면 결국 왜국은 신라에 위협이 될 것입니다. 그러니 왜국에도 우리와 같이 당에 대한 불신감을 불러일으킬 필요가 있습니다. 즉, 당은 고구려 원정이 끝나면 한반도 정복사업에 박차를 가할 것이고, 그것이 끝나면 그 다음으로 왜국 원정으로 야심을 불태울 것이라고 말입니다. 이렇게 왜국이 생각해 준다면 왜국도 한반도의 멸망을 좌시할 수 있는 입장이 되지 못할 것입니다.

김다수 : 그렇게 우리 입맛에 맞게 왜국의 생각을 바꿀 수 있겠습니까?

김춘추 : 어떻게든 이루어 내야 합니다. 이 일은 다수님께 맡기고 싶습니다.

김다수 : 예? 그것은 좀…….

김춘추 : 지금 왜국은 한반도 삼국과 적당한 거리를 두려고 하고 있습니다. 이 점은 우리의 사신도 받아들인다는 의미입니다.

실제 제가 방문해서 느낀 바입니다. 다수님께 무리한 일을 떠맡기는 것이 아닙니다. 당의 위협에 관한 정보를 왜국에 전하고 왜국의 친당의식에 의구심이 들도록 불을 붙이기만 하면 됩니다. 그것만으로도 충분합니다.

김다수 : 그것만으로 왜국이 반당노선으로 전환하겠습니까?

김춘추 : 변화되지 않겠지만, 변화시킬 수 있는 요인이 왜국에 있었습니다.

김유신 : 그것이 무엇입니까?

김춘추 : 백제 왕자 부여풍의 존재입니다.

김유신 : 아…….

김춘추 : 저는 당에게 군세를 백제로 돌려 신라를 구해 달라고 요청했습니다. 결국 백제는 멸망할 것입니다. 당연히 의자왕과 그 주변의 왕족들은 당군에게 잡혀 장안으로 끌려갈 것입니다. 그렇게 되면 백제 유민 가운데 왕으로 추대할 수 있는 자는 왜국에 파견되어 있는 부여풍밖에 없습니다. 왜국은 어떻게 할까요?

김다수 : 당과 부여풍의 존재가 관련이 없다면 왜국은 어떤 행동도 취하지 않을 것입니다. 하지만 아시아 전역에 미치는 당의 정복야욕을 알게 되고, 백제 유민들의 부흥에 대한 염원이 통한다면 어쩌면 국지적인 반당전쟁에 참여할지도 모르겠습니다.

김춘추 : 그것이야말로 신라가 살아남을 수 있는 유일한 길입니다.

김유신 : 그러나……. 그것은 매우 어려울 듯합니다만…….

김춘추 : 장군, 저는 장군에게 더욱 어려운 일을 요구하려 합니다. 우리는 당의 참전 전까지 백제의 맹공을 버텨내야 합니다. 다음으로 당의 참전 이후 백제와의 전쟁에서 이겨야 하지만, 지나치게 큰 승리를 해서는 안 됩니다. 우리의 실질적인 적은 당이기 때문입니다.

김유신 : …….

김춘추 : 백제전에서 가능한한 당군을 움직이십시오. 당이 고구려와의 전쟁에 전력을 다해 싸울 때 우리는 백제 유민이 백제구원군을 조직하는 것을 지켜보기만 하면 됩니다. 백제구원군이 성립되면 맨 먼저 부여풍이 왜국에서 귀환하고, 그와 함께 왜국이 대당전에 참여해야 하는 상황이 연출될 것입니다. 따라서 우리는 싸우는 상대를 백제 왕실에 한정하고 백제 국민들과는 가능한 한 싸우지 않도록 노력해야 합니다. 어찌되었든 그들은 신라의 국민이 될 사람들이기 때문입니다.

김유신 : 장대한 계획입니다. 왕자님의 생각이 아니라면 단순한 허풍으로 치부되어 버렸을 것입니다.

김춘추 : 솔직히 꿈같은 계획입니다. 저도 이것이 실현 가능할지 어떨지 자신이 없습니다. 하지만 신라가 백제의 공격을 피하고, 당의 마수에서 벗어나려면 백제령을 신라에 편입시켜 한반도 남부를 통일하고 당에 대항할 수 있는 세력을 키워야만

합니다. 고구려는 쓰러져도 어떻게든 다시 부활할 것입니다. 한반도의 북쪽과 남쪽에 강대한 세력이 성립된다면 당으로서도 더 이상의 원정군을 보낼 수 없는 처지에 이를 것입니다. 그 때문에라도 왜국을 이용해 조금이라도 당군의 세력을 약하게 만들어야 합니다. 약하게 할 수 없다면 왜국과 당이 서로 거리를 두게 해야 합니다. 왜국의 참전은 저의 계획에서 반드시 필요한 조건입니다.

그 자리에 모인 사람들은 김춘추의 계획을 듣고 술에 취한 듯한 기분이 들었다. 지금 한반도에서 가장 열세인 신라가 당군을 제맘대로 하면서 한반도 남부의 통일을 꾀한다……. 상상도 할 수 없는 일이었다. 그러나 냉철하게 생각해 보면 김춘추의 계획 이외에 신라가 살아남을 수 있는 길은 없었다. 사람들은 점차 그 계획을 받아들이기 시작했다.

김춘추 : 폐하! 폐하도 언젠가 돌아가십니다. 저 또한 죽을 것입니다.
김법민 : 아버님 무슨 말씀을…….
진덕여왕 : 춘추공. 무슨 말을 하고 싶은 것입니까?
김춘추 : 고구려가 지금의 상황을 언제까지 유지할 수 있을지는 모르겠습니다. 그러나 대당·대왜외교는 길게 바라보고 전개해야 합니다. 당에는 어디까지나 신라를 이용해 한반도를 지배

하에 둘 수 있다고 생각하게 하고, 왜국에게는 위기감을 불러 일으켜 당이 왜국까지 공격해 올 것이라는 불안감을 조성해야 합니다. 지금 우리는 백제와의 전쟁이 나날이 잦아지고 있습니다. 저와 김유신 장군은 이 계획에 사활을 걸고 있습니다. 현실을 직시하지 않으면 한 사람의 죽음으로 인해 계획이 좌절되는 어처구니없는 일이 벌어지게 됩니다. 따라서 장군께서는 장군의 후계자를 양성해야 하고, 저는 지금부터 여기에 있는 법민과 인문과 함께 생각하고 행동하면서 이들을 후계자로 성장시키겠습니다. 우선 다음번 당에 들어갈 때 법민을 데리고 갈 것입니다. 그리고 가능하면 법민을 당에 남겨서 황제의 측근에서 백제전에 병사를 보내도록 황제를 설득하도록 하겠습니다. 만약 법민이 이루어 내지 못한다면 인문이 잇도록 할 예정입니다. 이 계획은 한정된 자들만 알고 있어야 하지만, 후계자가 없으면 원대한 계획을 세울 수 없습니다. 왜국을 조율하는 일은 젊은 사람이 할 수 없습니다. 김다수처럼 숙련된 정치력을 가진 냉철한 인물이 왜국과의 외교를 이끌어 나가야 합니다. 결과는 묻지 말아 주십시오. 현재는 결과를 물을 처지가 못 됩니다. 장기간 체재하게 될지도 모릅니다. 아무쪼록 잘 부탁합니다.

누구도 말이 없었다. 그러나 얼굴이 모두 밝았다. 모든 것을 걸고

사력을 다할 것을 다짐한 모습이었다.

위의 가상회의가 그대로 전개되었는지는 알 수 없다. 그러나 김춘추의 이런 계획이 없고 그것을 이해하고 협력하는 사람이 없었다면 신라의 삼국통일은 불가능했을 것이다.

여기서 가상회의의 근거를 설명하고자 한다.

『삼국사기』의 기술을 보면 우선 신라는 백제의 침공을 계속 받고 있었다. 그리고 당에 계속해서 원군을 요청하고 있었다. 만약 자력으로 백제군을 막아낼 수 있었다면 굳이 타국의 군사력을 동원할 필요가 없다. 「신라본기」의 표현 방식은 차치하고 당에게 원군을 재차 신청하고 있는 것, 실제로 당의 원군을 빌려 백제를 멸망시킨 것을 생각한다면 신라의 군사력은 백제에 비해 열세에 놓여 있었다고 생각된다.

다음으로 『당서』를 보면 백제는 당의 책봉 체제에 편입되어 있으면서도 이 시기 당과의 교류는 적었다. 백제는 당의 고구려 원정으로 인해 한반도 북부가 혼란해진 틈을 타 신라를 공격한 후 남부 지역을 차지하려 했다. 그러지 못하면 앞으로 당에 대항할 수 없다고 판단하고 있었는지도 모른다. 따라서 고구려와 동맹을 맺고 신라를 무너뜨려 북부·남부의 안정화를 꾀할 필요가 있었다.

고구려는 수 이래 중화제국의 원정 대상이 되고 있었다. 당은 돌궐을 지배하에 두고 고구려 원정을 최대의 숙제로 삼고 있었다. 따라서 고구려는 당에 접근하던 신라의 공격을 피하기 위해 백제와 동맹을 맺고, 백제를 이용해 신라를 견제해야 했다.

당은 국내 통일을 이룬 이후 동북문제 해결을 위해 고구려를 무너뜨린 다음 백제, 신라순으로 한반도를 공략하면 된다고 생각하고 있었다. 또한 신라의 전력을 고구려전에 이용할 수만 있다면 당군의 소모는 줄어든다. 이용할 수 있는 것은 모두 이용하고 싶었을 것이다.

일본은 코토쿠 정권이 성립한 후 친백제노선에서 친당노선으로 외교방침을 바꾸었다. 한반도 정세에 대해서는 지켜보는 자세를 취하고 있었다.

이렇게 각국의 정책을 분석해 보면 신라의 아군은 없다. 그 가운데 신라가 살아남을 수 있는 길은 당의 전략 순서를 변경시키는 것뿐이었다. 우선 당군을 이용해 백제 왕실을 쓰러뜨리고 당면한 위기에서 벗어난 다음 당의 고구려 원정에 협력하면서 가능한 한 전력을 보존한다. 이후 백제 유민이 반당운동을 일으키는 동안 신라의 군사력을 키운다. 그리고 왜국이 백제구원군을 파견하도록 하면서 왜국의 입장을 미묘하게 만들고, 당이 고구려전에 집중하고 있는 동안 한반도 남부를 통일하여 당에 대항한다.

이 작전의 성공 여부를 떠나 이 방법 외에 신라가 살아남을 수 있는 길은 없었다.

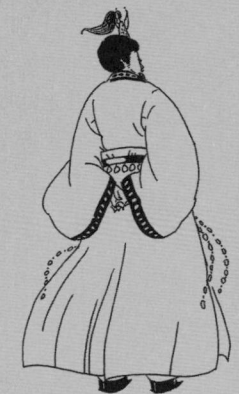

신라를 둘러싼
동아시아의 정세

신라의 최종 목표는 한반도에서 당을 몰아내는 것이었다. 이를 위해서는 한반도 통일이 절대명제였다.
백제 왕실과 귀족들을 쓰러뜨린 후에는 옛 백제 백성들을 가능한 빨리 신라의 백성으로 귀속시키고
싶었을 것이다. 그리고 백제 귀족들 가운데 협조적인 인재는 등용하는 쪽이 득이 되었다.
되도록 백제구원군과의 마찰을 피하고 옛 백제 백성들을 온존시키려 했기 때문이다.
그들을 적으로 삼지 않고 미래의 신라 백성으로 만드는 것이 중요했다.

게다가 문무왕에게는 무열왕으로부터 부탁받은 또 하나의 큰 과제가 있었다.
바로 일본을 열도에서 끌어내는 것이었다.
신라는 배후에 적을 두지 않기 위해서라도 일본을 백제 구원에 참가시켜야 했다.
결코 일본을 당의 편으로 두어서는 안 됐다.

김춘추의 당 방문

김춘추 일행이 당에 간 것은 648년이다. 『구당서』 「태종본기」 정관 22년 윤12월 계미조에는 "신라왕, 이찬 김춘추와 그 아들 문왕文王을 보내 방문했다."는 기록이 있다.

또한 『구당서』 「동이전」 신라조에는 다음의 내용이 있다.

진덕, 그 제弟 국상國相 이찬의 아들인 김춘추와 그의 아들인 문왕을 보냈다. 조를 내려 춘추에게 특진特進을 내리고, 문왕을 좌무위장군으로 삼았다. 춘추가 국학國學에 나아가 석전釋奠 및 강론講論 의식을 참관하겠다고 청하므로, 태종은 이를 허락하고 「온탕비溫湯碑」 및 「진사비晉祠碑」와 함께 새롭게 편찬한 『진서晉書』를 내려 주었다. 3품 이상의 관원에게 명하여 전별연錢別宴을 베풀도록 했는데, 예우가 극진했다.

신라를 둘러싼 동아시아의 정세   99

요컨대 진덕여왕의 동생이 김춘추의 아버지이며, 김춘추와 그의 자식인 문왕을 당에 파견했다는 내용이다. 여기서 언급된 '제弟'는 친동생을 의미하는 것은 아니며 연령적으로 연하의 친족이라는 의미이다. 당 태종은 두 사람의 방문을 기뻐하여 김춘추에게 '특진'을 내리고, 문왕을 좌무위장군에 제수했다고 한다. '특진'은 한대의 관명으로, 제후 가운데 공적이 뛰어난 자에게 주는 것이었다. 이 시대에는 명예직이었던 듯하다. 「신라본기」에 따르면 문왕은 김춘추의 서자이다. 그렇다면 김춘추는 법민·인문뿐만 아니라 서자인 문왕에게도 자신의 계획을 말했다고 보아야 한다. 혹은 법민이 출발 직전에 병이 들어 동행할 수 없게 되자, 대신 급하게 문왕이 발탁되었을지도 모른다.

후반 부분을 보면 김춘추가 당의 국학에 나아가 석전釋奠(공자와 같은 성현에게 제사를 지내는 의식 - 역자 주) 의식이나 강의·토론 등을 견학하고 싶다고 요청하자 황제가 이를 허락했다. 태종은 김춘추의 학문에 대한 열의에 대해 직접 지은 「온탕비」, 「진사비」와 함께 새로 편찬한 『진서』로 화답했다. 『진서』는 모두 130권으로, 그 가운데 「선무기宣武紀」와 「육기陸機」·「왕희지王羲之 전론傳論」은 태종이 직접 쓴 것이다. 따라서 이 하답품은 김춘추에게 자신과 같은 훌륭한 문인이 되라는 자랑과 격려가 담긴 선물이다. 김춘추 일행이 환대받았다는 사실은 태종이 3품 이상의 관인들에게 송별연을 열도록 명령을 내렸다는 점을 보아도 알 수 있다.

『신당서』「동이전」신라조에는 "장복長服을 고쳐 중국제도에 따랐다. 이에 내전에서 진귀한 옷을 꺼내어 하사했다."는 문구가 있다. 김춘추가 신라의 복제를 당의 제도에 맞춰 바꿨다는 내용이다.

'진귀한 옷'이 하사된 것을 보면 의식 관련 복식인 듯하다. 「신라본기」관련 기사에는 "그 장복을 바꾸어 중국제도에 따랐다."고 되어 있다. '장복'이라는 것은 일반적으로 '무늬 또는 문양이 있는 능직물'을 의미하지만, 여기서는 정관 4년(630) 8월 태종이 정한 장복제도를 가리킨다. 이때 태종은 3품 이상의 관인은 자색, 5품 이상은 비색, 6품과 7품은 녹색, 8품과 9품은 청색의 복색으로 정하고, 부인은 남편의 관복색에 따를 것을 명했다. 이에 김춘추는 공식적인 의상을 태종이 정한 장복의 제도에 맞춘 것이다. 이것은 단순히 의상을 맞췄다는 것이 아니라 18년 전에 태종이 정한 의복제도를 모방했음을 의미한다. 태종이 기뻐하며 그의 일행을 위한 환송연을 성대히 열었을 것은 불을 보듯 뻔하다.

김춘추는 지금까지 백제와의 전쟁을 위한 구원군을 몇 번이고 요청했으나 이렇다 할 회신을 받지 못한 상태였다. 말로만 당을 섬긴다고 해서는 효과가 없음을 확실히 알았다. 그렇다면 신라가 얼마나 당을 모범으로 삼고 있으며 의지하고 있는지를 시각적으로 보여 줄 필요가 있었다. 어려운 제도는 도입해도 바로 적용할 수 있는 것이 아니고, 당의 입장에서도 적용됐는지 어떤지 실감할 수 없다. 그렇지만 의복이라면 보는 순간에 바로 이해된다. 신라에 대한 인상을 당에 확실히 심어 줄 수 있는 것이다.

훗날의 일이지만 메이지明治 유신 때 일본 정부는 개화머리와 양복을 장려했다. 겉모습부터 서양화를 추구하고자 한 것이다. 물론 빈축을 사는 부분도 있었다. 그러나 결과적으로 보면 도쿠가와德川 시대로부터 새로운 서양화 시대로 바뀌었다는 인상을 국민들에게 전하고, 일본에 온 서양인들에게 일본을 이해시키는 데 도움이 되었음은 틀림없다. 평화 시 논리로 보면 비판받아야 할 점도 많다. 그러나 메이지 시대의 일본과 이 시기의 신라는 외압으로부터 어떻게 벗어날 수 있을까 하는 운명의 갈림길에 있었다. 이럴 때는 전시戰時의 논리가 적용되게 마련이다.

한편 「신라본기」에는 『당서』에 기록되어 있지 않은 기사가 두 군데 보인다.

한 기사는 김춘추가 직접 태종에게 출병을 의뢰한 말이다. 태종이 물었다.

"뭔가 생각하고 있는 것이 있는가?"

김춘추는 다음과 같이 대답했다.

"저희 신라는 동해의 벽지에 있으며 몇 년 전부터 중화제국을 섬겨오고 있습니다. 그러나 백제는 강하고 교활한 나라입니다. 신라를 자주 침략해서 맘대로 노략질하고 있습니다. 작년에 대병을 이끌고 공격해 와 우리 영토의 수십 성을 함락했습니다. 그리고 당으로 통하는 길을 막아 버렸습니다. 만약 폐하가 천병天兵을 보내 주시어 이 흉

악한 놈들을 억제시키지 않으면 신라의 백성은 백제의 노예가 될 것
입니다. 결국 신라가 천조에 와서 직책을 수행하고 있는지 보고하는
것조차 기대할 수 없게 됩니다."

  태종은 마음을 움직여 출병을 약속했으나 훗날의 일이지만 약속은
이행되지 않았다. 그러나 신라는 기다릴 여유가 없었다. 어떻게 해서
든 당이 원군을 보낸다는 약속을 실행시켜 백제를 무너뜨려야만 했다.
  두번째 특별 기사의 내용을 보자.
  김춘추는 환송연에서 태종에게 서자인 문왕이 측근에서 모실 수
있도록 요청했다. 「신라본기」는 "신에게는 7명의 자식이 있습니다.
바라건대 성상의 곁에서 숙위토록 해 주십시오"라고 말했다고 기록
하고 있다. 김춘추의 요청은 받아들여져 문왕과 대감大監이 태종의 측
근에 남을 수 있게 되었다.
  문왕의 역할은 무엇이었을까? 그것은 다음의 네 가지로 생각해 볼
수 있다.

- 태종의 측근에 있으면서 신라와 당의 통로 역할을 하는 것
- 태종이 백제 출병을 이행하도록 노력할 것
- 당의 제도를 자세히 배우고 신라에 전할 것
- 당에서 인맥을 형성하여 정보를 수집할 것

김춘추의 요청은 갑작스러운 것이 아니었다. 당에 가기 전부터 문왕을 당에 남기고, 그들이 신라와 당 사이의 연결고리 역할을 기대했다. 네 가지 바람은 모두 신라에게 절실한 것이었고, 이후 김춘추의 정책을 보아도 일시적으로 나온 전략이 아님을 알 수 있다.

649년 2월 당 태종이 죽은 후 고종이 즉위했다. 650년 신라가 법민을 당에 사신으로 파견하자 고종은 법민을 대부경으로 삼고 신라에 귀국시켰다. 김춘추는 바로 이듬해 법민의 동생 인문도 당에 파견했다. 문왕은 어느 시기엔가 귀국했던 듯하다. 이 시기 파견은 두번째 입당이 된다. 김춘추는 당이 백제원정군을 파견할 때까지 자식들을 당 왕조에 계속 보낼 예정이었다.

진덕여왕 3년(649) 신라는 당나라의 의복제도를 시행했다. 김춘추가 태종 앞에서 한 말을 실행에 옮긴 것이다. 이것은 어떤 의미에서 태종에 대한 압박이었다. 하지만 태종은 같은 해 2월에 사망했다. 따라서 김춘추의 교섭 상대는 고종으로 바뀌었다. 김춘추는 650년 6월, 전년도에 백제군을 자력으로 격퇴시킨 것을 고종에게 보고하면서 「오언태평송五言太平頌」을 지어 고종에게 헌상했다.

「오언태평송」은 당나라가 태평한 것을 축하하는 오언시이다. 『구당서』「열전」제149 동이 신라조에 전문이 기재되어 있다. 「오언태평송」은 백제와의 싸움에서 신라가 거둔 대승을 보고함과 동시에 새로운 황제의 즉위를 축하하는 선물이기도 했다. 그 내용은 당의 세력이 대단하다는 것과 고종의 덕을 높이 찬양하는 것으로 '외이위명자外

夷違命者(외방의 오랑캐로서 황제의 명령을 거역하는 자-역자 주), 전복피천앙剪覆被天殃(하늘의 재앙을 입고 뒤집혀 망하리라-역자 주)'이라며 당에 적대하는 자는 멸망할 것이라고 선언하고 있다.

고종은 신라로부터 축하 선물을 받고 기뻐하며 사신인 법민을 대부경에 임명해 귀국시켰다. 김춘추는 법민의 귀국을 기뻐함과 동시에 앞에 기록한 바와 같이 이번에는 차남인 인문을 보내 고종을 숙위하도록 했다. 인문의 나이 23세였다. 고종의 마음을 움직이게 하는 임무는 20대 초반의 젊은이에게는 중책이었다고 생각한다.

이듬해인 652년에도 신라는 당에 사신을 파견했다. 인문의 상황을 살피는 것과 동시에 재차 구원 요청을 하기 위해서였다. 또한 653년에도 당에 사신을 파견했다. 김춘추의 끈질긴 전략은 어느 누구도 막을 수 없었다.

654년 신라에서는 진덕여왕이 죽고 김춘추가 즉위하여 제29대 무열왕이 되었다. 같은 해 10월 고구려는 말갈병을 이끌고 거란을 공격했지만 신성에서 대패했다. 당에서는 윤5월 홍수가 나서 인유현麟遊縣에서 죽은 자가 3천 명이나 속출했다. 6월에는 항주恒州에서도 장마가 져 5천여 가구가 수해를 입었다. 포주蒲州 분음현汾陰縣에서는 폭우가, 하북河北의 여러 주는 장마 피해를 입었다. 당이 자연재해로 고통을 겪은 해였다.

그 가운데 『구당서』는 "왜국, 호박琥珀·마노瑪瑙를 헌상하다."라는 기사를 싣고 있어 흥미롭다. 이는 『일본서기』의 하쿠치白雉 5년 2월

신라를 둘러싼 동아시아의 정세 105

기사인 다음의 내용과 상응한다.

2월에 당나라에 압사 대금상^{大錦上} 타카무코노 쿠로마로^{高向玄理}, 대사 소금하^{小錦下} 카와베노오미 마로^{河邊臣麻呂}, 부사 대산하^{大山下} 구스시 에니치^{藥師惠日}, 판관 대을상^{大乙上} 후미노아타이 마로^{書直麻呂}·미야노오비토 아미타^{宮首阿彌陀}, 소을상^{小乙上} 오카노키미 요로시^{岡君宜}·오키소메노무라지 오오쿠^{置始連大伯}, 소을하^{小乙下} 나카토미노하시히토노무라지 오유^{中臣間人連老}·타나베노후비토 도리^{田邊史鳥} 등을 파견했다. 일행은 두 척의 배에 나누어 타고 정박을 거듭하면서 항해했기 때문에 수개월이 걸렸다. 신라의 뱃길을 통해 중국 내주^{萊州}에 도착했다. 드디어 장안^{長安}에 도착해 천자를 배알했다.

타카무코노 쿠로마로 일행의 헌상품 가운데는 호박 등이 들어 있었다. 당은 매우 깊은 인상을 받았을 것이다. "호박이 한 말만 하고, 마노가 다섯 말과 같다."고 크기까지 기록하고 있다. 이것도 코토쿠에 따른 친당노선의 일환일 것이다.

자식들을 차례로 당에 보낸 김춘추의 집념이 결실을 맺는 시기가 다가오고 있었다.

백제의 멸망

　　무열왕 2년(655) 정월, 고구려·백제·말갈 연합군이 신라 북방의 국경지대를 침략하여 33성을 탈취하자 무열왕은 당에 원군을 요청했다. 이에 당은 영주도독營州都督 정명진程名振을 파견해서 우위중랑장右衛中郎將 소정방蘇定方을 원조하는 형태로 고구려 공격을 명령했다. 고구려 공격은 당의 본래 목적과 부합됐기 때문에 신라의 요청을 받아들였을 것이다.

　　무열왕 3년 차남인 인문이 귀국하자 7월에는 서자인 문왕을 당에 파견했다. 김춘추는 당 황제의 측근에 친족을 두는 방침을 계속 고수했다.

　　그러나 그 사이에도 백제의 침공은 계속되었다. 백제 침략에 대한 당의 대응은 차갑기만 했다. 『구당서』 현경顯慶 3년(658) 기사는 정명진에 의한 고구려 공격 기사만 싣고 있다. 이듬해 현경 4년 기사도

3월 계필하력契苾何力에게 요동 지역을 경략할 것을 명령했다는 것과 11월 설인귀薛仁貴가 횡산橫山에서 고구려 장군 온사문溫沙門과 싸웠다는 기사만 보인다. 아직 당의 안중에는 고구려 공략만 있을 뿐이었다.

김춘추는 초조해지기 시작했다. 「신라본기」 무열왕 6년(659) 11월 조에는 다음과 같은 일화가 있다.

겨울 11월에 무열왕은 조원전朝元殿에 멍하니 앉아 있었다. 그렇게 당에 출병을 요청했음에도 이렇다 할 답장 하나 없었기 때문이다. 왕의 근심어린 안색은 몸 전체에 나타나고 있었다. 갑자기 왕 앞에 어떤 사람들이 나타났다. 마치 옛 신하였던 장춘長春과 파랑罷郎 같아 보였다. 그들은 다음과 같이 말했다.

"신은 이미 죽어 백골이 된 몸이지만 아직 보국의 마음을 품고 있습니다. 어제 대당에 가서 황제가 대장군 소정방 등에게 병사를 이끌고 내년 5월 백제 정벌에 나서도록 명령했다는 소식을 들었습니다. 대왕이 언젠가 이렇게 되기를 학수고대하시고 계심을 알고 있었기에 이렇게 보고 드리러 왔습니다."

무열왕은 이 일에 크게 놀라 후하게 양가의 자손에게 상을 내리고 소사에 명하여 한산주漢山州에 장의사莊義寺를 창건하도록 하고 물품을 보내어 명복을 빌었다.

들여다보기

고구려와 당나라의 전쟁

- 655년
  - 2월   영주도독 겸 동이도호 정명진, 귀단수貴端水에서 고구려군을 깨뜨렸다.
  - 5월   우령군중랑장 설인귀, 요수遼水를 넘어 고구려에 이르러 전투를 벌였다. 1천여 명을 죽이고 포로로 삼았다.

- 658년
  - 6월   정명진, 설인귀를 데리고 요동을 공략할 계획을 세우고 적봉진赤烽鎭에서 고구려를 쳐부수었다. 400명을 베고, 100여 명을 포로로 잡았다. 또 귀단성貴端城을 함락시키고 적 2,500명을 참수했다.

- 659년
  - 3월   좌효위대장군左驍衛大將軍 성국공郕國公 계필하력이 요동을 공략하기 위하여 횡산에서 고구려 대장 온사문과 싸웠다.
  - 11월 사국공 소정방을 신구도독관神丘道督管으로 삼았다. 설인귀가 고구려의 온사문과 횡산에서 싸웠다.

무열왕 김춘추가 처음 문왕을 데리고 입당한 지 어느새 11년이 지났다. 고구려에서는 점점 당군의 공격이 거세지고 있었다.

중국측 사료에는 각각의 싸움이 당군의 승리로 끝났지만,「고구려본기」를 보면 고구려는 당의 공격을 매번 막아냈다고 한다. 결과적으로 보면「고구려본기」의 내용이 사실로 보인다. 중국 사료와 같이 당군의 일방적인 승리로 끝났다면 그 후 고구려 원정은 필요 없었을 것이고, 그대로 고구려 수도까지 진군했을 것이다. 그러나 당군의 고구려 공격이 점점 거세졌다는 것까지 부정할 수는 없다.

무열왕으로서는 당이 고구려 원정을 끝내기 전에 당군의 백제 출병을 끌어내야만 했으므로, 초조한 기분을 억누를 수 없었다. 장춘과 파랑의 귀신이 나타나 당 고종이 백제 출병을 결정했다고 전하는 환상을 볼 지경에 이른 것이다. 이 설화 자체가 나중에 조작된 것일 수 있지만, 그만큼 무열왕이 노심초사하는 모습을 엿볼 수 있다.

이듬해 660년에 돌연 당은 백제로 출병을 단행한다.『구당서』「본기」고종(상)의 현경 5년 3월 신해조에 "신구도군을 보내 백제를 치다"라고 간결하게 기록되어 있다. 또 같은 해 8월 경진조에는 다음의 기록이 있다.

소정방 등이 백제를 정벌했다. 백제왕인 부여 의자를 잡아 끌고 왔다. 백제국은 5부에 분할되어 있고 군은 37군, 성은 200성, 호수는 76만 호였다. 이에 백제의 웅진 등에 5도호부와 곡사신구도총관曲赦神丘道摠管 · 곤이嶼夷도총관 이하를 분치했다.

『구당서』「열전」 소정방조에는 백제 관련 내용이 더 자세하게 실려 있다.

소정방은 성산城山에서 출발하여 바다를 건너 웅진강 어귀에 도착했다. 적병은 강 입구에 진을 치고 있었다. 이에 그는 동쪽 언덕에 상륙해 산에 올라 진을 치고 적군과 전투를 벌였다. 돛을 올린 당의 전선들이 바다를 덮으며 잇따라 도착했다. 적군은 패전을 거듭하여 죽은 자가 수천 명을 헤아렸다. 살아남은 자도 도망가거나 흩어졌다. 당군은 조수가 밀려들자 전선이 꼬리를 물고 강으로 들어갔다.

소정방은 언덕 위에서 진을 지키다가 수륙 양면으로 일제히 진격시켰다. 나는 듯이 노를 저으며 북을 치고 소리를 지르면서 곧장 백제의 수도인 사비성으로 나아갔다. 사비성에서 20리 떨어진 곳에서 적이 온힘을 다해 저항해 왔지만 대파하여 죽이거나 포로로 삼은 자가 1만여 명에 달했다. 달아나는 병사들을 쫓아가 그대로 성내로 돌입했다. 백제의 의자왕과 태자 융은 북방의 변경으로 도망갔다. 소정방은 나아가 그 성도 포위했다. 한편 의자왕의 차남인 태泰가 스스로 왕이 되었다.

의자왕의 적손嫡孫 문사文思가 말했다.

"왕과 왕자가 함께 왕성을 빠져나가셨지만, 그 몸은 여기에 계십니다. 그런데도 숙부는 병마를 총괄하여 함부로 왕이 되었습니다. 만약 당군이 퇴각한다면 저희 부자는 당연 숙부에게 목숨을 잃을 것입니다."

그리고 그는 마침내 좌우의 사람들을 거느리고 성에서 나와 도망갔다. 태는 많은 사람들이 그뒤를 따르는 것을 막을 수 없었다. 이에 소정방이 병사에게 성에 올라 깃발을 세우도록 했다. 이때 태가 성문을 열고 목숨을 구걸했다.

백제는 당군과 신라군이 연합하기도 전에 참패했다.「신라본기」에 따르면 김유신군이 계백군에게 승리를 거둔 지 겨우 9일 후인 7월 18일에 의자왕이 항복했다. 너무나 빨리 패망한 것이다.

무엇 때문에 백제는 그렇게 참패한 것일까?「백제본기」는 의자왕에 대해 매우 혹평하고 있다. 다음은 아직 백제가 멸망하기 4년 전인 의자왕 16년(656) 3월의 기사이다.

왕은 후궁과 음행에 빠져 쾌락을 탐닉하고 음주를 그치지 아니했다. 좌평 성충成忠이 간언했지만 왕은 노하여 성충을 옥에 가두었다. 이런 일이 있어 누구도 간언하는 자가 나타나지 않았다. 성충은 옥에서 고생하다 죽었다. 임종에 가까워 의자왕에게 다음과 같은 글을 올렸다.

"충신은 죽어도 주군을 잊지 않습니다. 원하옵건대 한 말씀 올리고 죽겠습니다. 저는 항상 시세를 관찰하고 변화를 지켜봐 왔습니다. 제가 관찰한 바에 따르면 반드시 전란이 있을 것입니다. 무릇 군을 움직일 때는 반드시 그 땅의 이로움을 신중하게 살펴야 할 것입니다. 상류에 진을 치고 적을 끌어들인 후에 싸운다면 백제는 안전할 것입니다. 만약 다른 나라의 군대가 공격해 온다면 육로로는 침현沈峴을 지나지 못하게 하십시오. 수군의 경우는 기벌포伎伐浦 연안에 들어오지 못하게 해야 합니다. 그 험준하고 유리한 지형을 이용하여 방어해야 합니다. 그렇게 하면 후일은 무사할 것입니다.

    그러나 왕은 그 상서를 살피지 아니했다.

    여기서 보이는 '침현'은 탄현炭峴을 말하고, '기벌포'는 백강을 가리킨다. 성충의 의견은 660년 좌평 흥수興首가 제언한 의견과 완전히 일치했다. 나당연합군이 공격해 올 때 어찌할 바를 모르던 의자왕은 고마미지현古馬彌知縣에 남아 있던 흥수에게 사자를 보내 의견을 구했다. 그때 흥수는 다음과 같이 말했다.

    당의 군사는 많고 그 군율은 엄격합니다. 마침 신라군과 연합하여 전후에서 공격해 오고 있습니다. 만약 평원이나 광야에서 대치한다면 승패는 알 수 없습니다. 백강(혹은 기벌포라고도 함)과 탄현(혹은 침현이라고도 함)은 백제의 요충지입니다. 한 사람, 한 창으로도 만인을 막을 수 있는 곳입니다. 용사를 선발해서 그 땅에 가서 지키도록 해야 합니다. 그렇게 되면 당의 군사라도 백강에 들어올 수는 없을 것입니다. 신라인도 아직 탄현을 넘은 적이 없습니다. 대왕은 이 두 곳을 막고 굳게 지켜 적의 군량이 다하고 적병이 피폐해질 때를 기다려 공격하면 반드시 적을 무찌를 수 있을 것입니다.

그러나 백제의 다른 대신들은 흥수의 계책을 부정했다. 흥수는 오랫동안 옥에 있어서 왕을 증오하고 나라를 사랑하지 않는다면서 흥수의 안을 신용할 수 없다고 판단한 것이다. 도리어 흥수의 의견과는 반대로 당군을 백강으로 끌어들이고, 신라군이 탄현에 오르면 공격하자는 작전을 제시했다. 왕은 그 의견을 받아들였다.

성충의 의견과 흥수의 전략은 모두 결과를 바탕으로 지어낸 이야기일지도 모른다. 이 일화들은 두 충신의 의견을 듣지 않았던 의자왕과 백제의 수뇌부에 대한 비판이며, 백제의 멸망 원인을 의자왕의 판단착오에서 비롯된 것으로 연출했다고 생각한다.

특히 의자왕이 좋은 방법이 떠오르지 않아 흥수에게 묘책을 구했음에도 그 전략을 다른 대신들이 부정하자 왕이 대신들의 의견을 따랐다는 것도 이해할 수 없는 부분이다. 탄현·백강이 백제 멸망의 중요한 지점이었는데도 나당연합군에게 내줬기 때문에 만들어진 이야기로 보는 편이 좋을 듯하다.

그렇지만 백제가 너무 빨리 항복했다는 것은 생각해 볼 문제이다. 소정방의 당군이 공격한 것은 의자왕이 있던 소부리^{所夫里}와 웅진성뿐이었다. 다른 성들은 아무 저항 없이 항복했음을 의미한다. 장기에 빗대어 말하면 다른 말은 잡지도 않은 상태에서 갑자기 왕을 잡아버린 것과 같다. 게임에서는 이것으로 끝이지만 현실에서는 잔존 세력이 저항을 시작한다.

한편 「신라본기」에 따르면 신라군은 소정방군과 별도로 행동하고 있다.

6월 21일 무열왕은 백제 왕도로 진군하면서 법민을 선발로 내세워 덕물도德物島에서 당군을 맞도록 했다. 법민은 소정방과 회견한 후 다시 신라군과 합류하여 무열왕에게 전황을 보고했다.

무열왕은 금돌성今突城으로 진군했다. 7월 9일에는 황산벌에서 백제군과 전투를 벌였다. 이때 백제 계백階伯 장군의 분투로 신라군은 퇴각하지 않을 수 없었다. 그러나 흠순欽純 장군의 아들인 반굴盤屈과 품일品日 장군의 아들인 관창官昌 두 사람이 전력을 다해 싸우다 전사하자 신라군이 사기충천해 계백을 무너뜨리고 백제를 대파할 수 있었다.

| 좌평 성충과 흥수 | 충남 부여 부소산성 삼충사 소재

이날 소정방의 당군이 기벌포(백강)에 도착했다. 그리고 고산高山의 격전을 막 끝마친 김유신과 김문영金文穎의 신라군과 합류했다. 12일 나당연합군이 의자왕이 있는 왕성을 포위하자 다음날인 13일, 의자왕은 근신들만 데리고 야반도주하여 웅진성으로 들어갔다. 왕자 융과 대좌평 천복은 왕성을 나와 항복했다. 18일에는 의자왕도 태자 효

를 데리고 항복했다. 그리하여 9월 3일 소정방은 백제 의자왕과 그 왕족 및 중신 93명, 백제인 1만 2천 명을 이끌고 당으로 돌아갔다. 6월 21일 덕물도에 도착한 후 약 2개월 반 만의 일이었다.

의자왕과 그 일족이 당의 장안으로 끌려가자, 잔존 세력이 아무리 사력을 다해도 왕이 없었기 때문에 백제 왕조의 멸망이라는 현실을 돌이킬 수는 없었다. 꽤 현명한 계책이었다.

소정방이 당에 돌아간 후 무열왕은 11월 22일 신라로 개선했다. 그리고 이때 공로를 조사해 크고 작음에 따라 서열을 매겨 상을 주었는데, 여기서 주목해야 할 부분이 있다. 그것은 백제관인에 대한 처우이다.

백제인은 모두 그 재능을 헤아려 임용했다. 좌평 충상忠常·상영常永, 달솔 자간自簡에게는 일길찬의 위를 내리고 총관의 직을 주었다. 은솔 무수武守에게는 대나마의 위를 내리고 대감의 직을 주었다. 은솔 인수仁守에게는 대나마의 위를 내리고 제감의 직을 주었다.

그들에게 어떠한 공적이 있었는지는 명확히 알 수 없다. 일찍 항복했는지, 아니면 신라와 내통하고 있었는지도 모른다. 그러나 신라에게 순응하면 백제인이라도 우대받을 수 있다는 사실이 알려진다면 백제의 저항도 수그러들 가능성이 높다. 귀실복신 등의 백제구원군의 저항이 매우 컸지만, 동시에 옛 백제 영토의 운영을 위해서는 이렇게 항복한 백제인의 협력도 필요했다.

　무열왕으로서는 곧 다가올 당과의 결전을 생각할 때, 가능한 백제의 세력을 온전한 상태로 받아들이면서 통일신라의 세력을 천천히 키워 나가고 싶었을 것이다. 이렇게 생각한다면 결국 당군을 불러들여 백제 전역을 철저히 파괴시킬 것이 아니라 왕도만 집중적으로 공격하여 의자왕의 항복을 받아내고 백제 왕조를 멸망시킨다는 작전은 무열왕이 세운 작전일지도 모른다.

　무열왕이 원대한 계획을 세우지 않고 단지 백제를 미워하는 감정만으로 당군을 불러들였다면, 백제의 여러 성을 철저히 파괴한 후에 왕도를 함락시킨다는 작전을 세웠을 것이다. 그러나 무열왕은 당의 야망을 충분히 알고 있었고, 당군을 불러들이는 것이 얼마나 위험한지도 잘 알고 있었다. 따라서 무열왕은 당이 백제와 고구려를 차례로 멸망시킨 후, 그 창끝을 신라로 돌릴 것임을 예상하고 있었다.

　무열왕에게 백제는 무너뜨려야 할 존재였지만, 동시에 백제의 백성에게 지나치게 타격을 주어서는 안 된다는 사실을 안고 있었다. 소정방과 김유신의 연합군이 의자왕을 항복시킬 때도 무열왕은 그 포위전에 참가하지 않았다. 그는 아마 금돌성에 있었던 듯하다. 이는 신라왕이 백제왕을 쓰러뜨렸다는 이미지를 줄이고 어디까지나 당군이 백제 왕실을 멸망시켰다는 시나리오를 만들고자 했다고 할 수 있다.

　'백제 왕실은 쓰러졌지만 백제는 그대로 두고 싶다'고 생각한 무열왕은 가능한 빨리 소정방이 의자왕 등을 장안으로 끌고 가길 바랐을 것이다. 만약 의자왕이나 그 왕자들이 탈출한다면 진흙탕 속의 장기전이 될 것이었다. 그렇게 되면 백제인들과 다시 싸울 수밖에 없고, 백제뿐만 아니라 신라도 피폐해진다. 이것은 한반도 전체에 백해무익한 일이었다. 더구나 그렇게 된다면 당의 한반도 지배는 용이해질 것이 자명했다. 그것을 피하기 위해서라도 백제 왕실이 한반도에서 사라질 필요가 있었다.

무열왕은 백제 왕실에 대해 개인적인 원한도 있었다. 바로 642년 대야성에서 무열왕의 딸이 비참하게 죽은 일이다. 이는 오빠인 법민이 백제 왕자 융을 꾸짖으며 한 말에서 여실히 드러난다.「신라본기」무열왕 7년(660) 7월 13일 기사를 보면 법민은 융을 자신의 말 앞에 무릎 꿇게 한 뒤 면전에서 질책했다.

"일찍이 너의 부친이 내 동생을 무참히 죽이고, 그 유해마저 옥중에 묻었다. 그 이야기를 들은 이래 나는 20년 동안 마음 아파하며 그것을 한시도 잊은 적이 없다. 오늘 너의 목숨은 나의 손에 달렸다."

전쟁에서 언제나 희생은 따른다. 동생이 살해된 것은 비통하지만 어쩔 수 없는 것으로 받아들였을지도 모른다. 그러나 유해를 옥사에 묻고 죄인들이 밟도록 한 것은 악의에 찬 행위이다. 이것이 용서할 수 없는 한이 되어 법민의 마음을 짓누르고 있었을 것이다. 아버지인 무열왕도 마찬가지였다. 같은 해 8월 2일조를 재연해 보면 다음과 같다.

7월 27일 무열왕은 금돌성에서 소부리성으로 옮겼다. 왕은 명주천에 승리의 문자를 쓴 노포露布(봉함을 하지 않고 노출된 채로 선포하는 포고문-역자 주)를 제감인 천복에게 주고 장안으로 가 승리를 보고하도록 했다.

8월 1일 웅진성을 공격했던 당군과 신라군이 몰려들었다. 2일 무열왕은 장병들을 위로하기 위해 대연회를 주최했다. 왕은 당의 장군 소정방에게 주객 자리를 권하고 당의 다른 장군들에게도 정중하게 자리를 권유했다. 모두 노고를 잊은 듯 밝은 표정이었다. 여기저기서 승리의 기쁨을 축하하는 말이 자연스럽게 흘러나왔다.

무열왕 : 장군, 수고하셨소이다. 정말 기쁘기 그지없습니다.
소정방 : 아닙니다. 김유신 장군을 비롯해서 신라군의 활약이 훌륭했습니다.
김법민 : 아닙니다. 모두 소 장군 덕분입니다.
김유신 : 맞습니다. 저희들은 손발이 된 것뿐입니다.
무열왕 : 마치 하늘의 군대 같습니다. 우리들을 몇 년 동안이나 괴롭혔던 백제군을 단숨에 멸망시켰습니다. 고종 황제께는 바로 감사의 사신을 보내도록 하겠소이다.
소정방 : 그렇게 자상하게 배려해 주시니 매우 감사할 따름입니다.
김법민 : 자, 격식 차린 말씀들은 이 정도로 하시고, 오늘은 아무 생각 없이 즐기십시오.
소정방 : 하하. 그 말씀이 옳습니다. 바로 술 한 잔 받고 싶습니다.

이때까지 웃음 띤 얼굴을 하고 있던 무열왕의 표정이 갑자기 엄해졌다. 즐겁게 담소를 나누던 사람들 뒤에서 어두운 얼굴로 앉아 있던 몇몇 사람을 향해 "장군에게 술을 따르라!"고 격한 어조로 명령했다.

술을 따르라고 명령받은 사람은 바로 며칠 전까지 백제왕을 칭하던 의자왕과 그 아들 융이었다. 소정방은 순간 놀랐지만 묵묵히 의자왕으로부터 술잔을 받았다. 뒤편에 앉아 있던 백제인 중에서는 의자왕의 굴욕적인 자세를 보고 흐느끼는 이들도 있었다.

연회가 절정에 달했을 때 주연 장소에 끌려나온 사람이 있었다. 당의 장군들은 무슨 일이 일어날지 그들을 주목했다. 연회장에 끌려나온 사람은 두 사람이었다. 한 사람은 모척毛尺, 또 한 사람은 검일黔日이라는 인물이었다.

소정방 : 이 자들은 누구입니까?
김유신 : 오른쪽에 있는 모척이라는 자는 신라인이면서도 백제의 대야성 공략 때 내통한 후 그대로 백제로 망명한 자입니다. 왼쪽에 있는 자는 검일이라는 자로, 모척보다 배반의 정도가 심합니다.

두 사람이 왕 앞으로 끌려 나왔다.

무열왕 : 너희들이 왜 이곳에 끌려 왔는지 그 이유를 알겠느냐?

모척 : 제가 무엇을 잘못했단 말입니까? 전쟁에서 배반이란 일상 다반사가 아닙니까! 폐하께서 하시고 있는 일도 한반도에 대한 배반 아닙니까?

무열왕 : 입 다물라! 너희 때문에 애꿎은 백성들이 몇이나 죽었는지 알기나 하느냐?

모척 : 전쟁에서는 많은 사람을 죽이면 죽일수록 공적이 쌓이지 않습니까?

무열왕 : 뭐라? 뭣들 하느냐? 이 자를 처형하라!

큰 소리로 떠드는 모척을 병사들이 잡고 목을 쳤다. 그 장면을 보고 있던 검일은 우는 소리로 애원했다.

검일 : 폐하, 저는 나쁜 놈입니다. 반성하고 있습니다. 제발 목숨만 살려 주십시오.

무열왕 : 네가 한 일을 알고 있느냐?

검일은 얼굴이 파랗게 질려 식은땀을 흘렸다.

무열왕 : 어째 잊어버린 듯하구나. 법민아, 네가 일러 주거라.

김법민 : 검일! 네 놈은 모척과 모의하여 백제군을 대야성으로 불러들였다. 그뿐만이 아니다. 창고에 불을 질러 곡식을 태워

성내를 식량난에 빠뜨렸으니 패배의 요인을 제공한 것이다. 이것이 첫 번째 죄이다. 그리고 성주인 품석부부를 궁지에 몰아 살해했다. 이것이 두 번째 죄이다. 마지막으로 백제군과 함께 본국인 신라를 공격해 왔다. 이것이 세 번째 죄이다.

무열왕 : 어떤가? 생각났느냐? 틀린 것이 있으면 말해 보거라. 최후의 변론 정도는 들어주마.

검일 : 품석은 우매한 자였습니다. 성을 지켜야 하는 성주로서 자격이 없었습니다. 제가 배반하지 않았더라도 성은 백제에게 함락되었을 것입니다. 저 때문이 아닙니다.

무열왕 : 그래? 그럴 수도 있었겠지. 그러나 품석이 우매했다손 치더라도 너의 행동은 별개의 문제이다.

검일 : 대야성은 신라에게 매우 중요한 성이었습니다. 그런 곳에 품석과 같은 자를 보낸 것은 왕의 죄가 아닙니까?

무열왕 : 네 이놈, 선덕여왕을 우롱할 셈이냐?

검일도 살아날 길이 없음을 깨달았다. 어떻게도 할 수 없는 절망감과 함께 화가 치밀었다.

검일 : 여자를 왕으로 추대했기 때문에 비담의 난이 일어난 것입니다!

무열왕 : 됐다. 너무 말이 많구나. 이놈에게 사지를 찢는 형벌을 내

린다.

검일 : 사…… 살려주십시오!

검일은 제 스스로 무덤을 파고 있음을 깨달았지만 더 이상 어쩔 도리가 없었다. 병사들은 검일의 양팔과 양다리를 잡았다. 그리고 네 곳에 말뚝을 박고는 검일의 양팔과 양다리를 말뚝에 줄로 묶었다. 검일은 몸을 전혀 움직일 수 없었다. 네 명의 병사가 네 개의 말뚝 옆에 도끼를 가지고 섰다. 그리고 왕의 신호와 동시에 도끼를 일제히 내리쳤다. 검일의 두 팔과 두 다리는 몸체에서 떨어졌다. 왕은 시체를 백강에 던지라고 명령했다.

처참했지만 병사들 가운데 어느 누구도 검일에게 동정을 표하는 자는 없었다. 병사들은 대부분 대야성의 패전 때 가족이나 일족을 잃었기 때문이다. 이 모습을 지켜보고 있던 의자왕과 백제인들은 몸서리를 쳤다. 대야성뿐만 아니라 백제군이 신라의 많은 성을 함락하면서 신라인들을 살해했기 때문이다. 다음은 우리 차례가 아닐까? 하는 불안감이 밀려왔다.

그러나 사실 의자왕은 안전했다. 무열왕·법민·김유신은 의자왕의 처우에 대해서 이미 결정을 내린 상태였다. 장안으로 압송시키는 것이었다. 신라가 자신들의 원한을 풀기 위해 백제 왕가를 처형한다면 백제 유민들의 원망을 살 것은 불을 보듯 뻔했다. 그러나 지금은 때가 아니었다. 가능한 빨리 한반도를 통일해야만 했다. 그러기 위해서는 백제 유민들을 신라에 편입시켜야 했다. 그리고 지금부터 한반도인의 실제 적은 당이라는 사실을 백제 유민들에게 조금씩 이해시켜야만 했다.

이를 위해서 백제 왕가의 처형은 당의 황제에게 맡기고, 그 원망도 당을 향하도록 해야만 했다. 이런 생각으로 무열왕은 백제 왕가에 대한 보복 대신 대야성에서 배반한 자들에 대해 더욱 엄벌한 것이다.

측천무후의 등장

　　　　　백제 의자왕은 당이 신라와 연합하리라고는 전혀 예상하지 못했다. 따라서 바다로부터의 공격에 대해 무방비 상태였다. 이것이 백제 패배의 최대 원인이다.

　　패배는 의자왕의 자질 문제가 아니었다. 신라가 당에 구원군을 요청해야 할 정도로 의자왕의 신라 침략은 계획적이었고, 매우 빈번했다. 즉 의자왕은 신라에게 강적이었다. 의자왕이 왕의 자격이 없었다면 신라는 백제의 자멸을 기다리든지 독자적으로 백제를 공격하여 멸망시키면 될 일이었다. 굳이 당의 세력을 한반도에 끌어들일 필요가 없었다. 신라는 단독으로 전투에 승리할 확신이 없었기 때문에 당에 구원군을 요청했던 것이다. 따라서 의자왕이 어리석었다고 보기는 어렵다. 「백제본기」의 기술은 결과적으로 패전한 백제를 폄하한 것으로 봐야 한다. 패전의 이유를 우매한 왕의 책임으로 돌리는 것이 가장 쉽기 때문이다.

의자왕이 우매하지 않았다면 왜 백제가 멸망했는가? 첫 번째 이유는 앞에서 언급했듯이 당의 참전을 예상하지 못했기 때문이다. 그리고 두 번째 이유는 당이 참전을 철저히 비밀에 부쳤다는 것을 들 수 있다.

이에 대해서 『일본서기』 사이메이 5년(659) 7월 3일조에 인용된 『이키노무라지 하카토코서伊吉連博德書』의 기술이 참고가 된다. 다음은 고종의 말이다.

칙을 내리길 "우리는 내년에 반드시 해동海東을 정벌할 것이다. 너희 왜객倭客들은 귀국할 수 없다."고 했다. 그리하여 서경西京에 머물면서 별도의 장소에 유폐되었다. 문을 걸어 잠그고 여기저기 다니는 것을 허락하지 않았다.

하카토코博德 등의 유폐는 659년 12월 3일의 일이다. 이듬해 3월에 백제로 출병하기에 앞서 4개월 전부터 정보 봉쇄 전략을 취한 것이다. 혹 정보 봉쇄가 이전부터 시작되었을지도 모른다. 여기서 당 고종의 전략이 용의주도했음을 알 수 있다. 신라조차도 당의 참전을 그 시기가 임박해서야 알았을 수도 있다. 앞에서 언급한 무열왕의 꿈, 즉 낮잠을 자던 중 꿈에 죽은 가신 장춘랑과 파랑의 유령이 나타나

| 백제 의자왕의 가묘 | 충남 부여군 능산리 고분군 소재

당이 내년 5월 백제 정벌을 위해 출병할 것이라고 전한 일이 「신라본기」 659년 겨울 10월조에 서술되어 있기 때문이다. 물론 이 이야기는 창작일 가능성이 높다. 그러나 그 시기가 마침 하카토코 등이 유폐된 12월의 직전이라는 점이 흥미롭다.

「신라본기」의 서술 시기, 즉 659년 10월에도 아직 당은 무열왕에게 백제 정토군의 편성 정보를 전하지 않았다. 그 때문에 초조해하던 무열왕은 대낮에 꿈까지 꾼 것으로 보인다. 그런데 백주대낮의 꿈이지만 대장군 소정방의 임명 등 정확한 정보가 유령에 의해 전해졌다. 이것이야말로 이 이야기가 이후에 창작되었음을 알려준다.

「신라본기」에서는 이후 당의 군사 관계 기사가 보이지 않는다. 그런데 무열왕 7년(660) 봄 정월 이찬 김유신이 상대등으로 승격되었다. 이 인사 발령은 이미 당에서 백제원정군의 출정이 결정되었다는 정보가 새어나왔기 때문에 이루어진 것이 아닐까 추측된다.

정식으로 당이 신라에 소식을 전한 시기는 같은 해 3월 소정방이 신구도행군 대총관으로, 김춘추의 차남 인문이 부대총관으로 임명된 때인 것 같다. 인문을 부대총관으로 삼은 것은 당이 신라를 구원한다는 의사표시를 명확히 했음을 의미한다. 적어도 표면상 당이 신라를 위해 구원군을 파견할 것이라는 대의명분을 보여 주고 있는 셈이다.

백제는 언제 당군의 참전 계획을 알았을까?

「백제본기」를 통해 볼 때 같은 해 7월, 13만 당군이 도착할 때까지 눈치 채지 못한 듯하다. 그러나 이것을 그대로 받아들일 수는 없다. 같은 해 2월 기사에서는 왕도의 우물물이 핏빛으로 변하고, 서해안에 작은 물고기가 죽어 떠오르고, 사비하의 물이 핏빛이 되었다는 흉조를 전하고 있다. 게다가 4월 기사는 두꺼비와 개구리 수만 마리가 나무 위로 몰려들었다고 기록하고 있다. 5월에는 폭풍우가 불어닥쳐 천왕사天王寺·통양사通讓寺 두 사찰이 소실되고 백석사白石寺도 낙뢰에 소실되었으며, 6월에는 갑자기 귀신 하나가 궁중에 나타나 큰 소리로 "백제는 망한다! 백제는 망한다!"고 외쳤다는 기사까지 등장한다.

여기서 믿을 수 있는 것은 여러 사찰의 소실 기사뿐이다. 나머지 기사들은 백제 멸망 후에 조작된 것으로, 앞에서 인용한 신라 무열왕의 대낮의 꿈과 같은 성격의 기사이다. 그러므로 이 기사들을 통해 백제가 당의 정보를 얻은 시기를 상정하기는 어렵다. 다만 굳이 생각하자면 6월에 귀신이 나타나 예언한 기사 정도이다. '백제가 멸망한다'는 발언은 매우 구체성을 갖는다. 아무리 은유적이라고는 하지만 귀신이 그런 말까지 한다는 것은 어떤 정보가 입수되었음을 암시한다. 그러나 그 정보에는 부정확한 요소가 많았을 것이다. 그래서 누구라고 인물을 명확히 언급하지 않고 귀신을 등장시키는 표현 방법을 택한 것이 아닐까 한다.

이를 통해 당이 출병을 얼마나 비밀리에 진행했는지를 알 수 있다. 하카토코 등을 유폐시킨 것은 결코 어중간한 행동이 아니었다. 아마 왜국의 사신뿐 아니라 동쪽을 향해 가는 사람들은 모두 억류했을 것이다. 백제로서는 당에서 오는 사람들이 갑자기 끊겨 이상하게 여겼을 것이다. 그러나 그것이 당의 군사행동 때문에 벌어진 일이라고는 상상도 못했을 것이다.

신라는 몇 년 전부터 당에 백제 정벌을 요청하고 있었다. 그 사실은 백제도 알고 있었다. 아마 신라가 당의 환심을 사기 위해 의복제 등을 당제로 바꾸었다는 것도 파악하고 있었을 것이다. 이렇듯 백제는 당의 출병을 예측할 수 있는 기회가 많았다.

그러나 백제는 예측하지 못했다. 이유는 간단하다. 신라와 백제의 문제는 어디까지나 양국의 문제이고 당이 개입할 문제가 아니었기 때문이다. 그 때문에 당 태종은 외교적으로 중재를 할 뿐 군사를 직접 움직이지는 않았다. 이런 일들을 거듭 겪은 백제는 상황이 긴박해지고 있음을 인식하지 못했던 것이다.

또한 당은 고구려 문제에 집중하고 있었기 때문에 남쪽까지 신경 쓸 겨를이 없었다. 만약 고종이 백제에 출병하고자 마음을 먹었다 하더라도, 고구려를 친 다음일 것이었다. 수나라는 몇 차례에 걸쳐 고구려 정벌을 시도했지만 모두 실패했다. 당의 고구려 원정도 아직 성공을 거두지 못하고 있었다.

"고구려는 대국이고 강국이다. 일찍이 한 번도 중국 왕조에 무릎을 꿇은 적이 없다. 만약 군사적으로 열세라면 외교적 수완을 통해 표면적이라도 중국 왕조의 책봉체제에 들어가 존속할 수 있는 국가이다. 게다가 개소문이라는 강한 재상이 있다. 고구려가 멸망하지 않는 한 당이 백제를 공격한다는 것은 있을 수 없다. 설사 고구려가 멸망한다 해도 그것이 곧 당군의 백제 출병을 의미하는 것은 아니다. 수나라도 당나라도 동북 경영을 하는 데 고구려의 존재가 방해였을 뿐, 한반도 이남까지 차지하려고 야욕을 부리지는 않았다. 오히려 고구려와 돌궐이 손을 잡는 상황이 아니라면 한반도 정세는 당의 관심 밖이다. 그러니 백제로 출병하는 일은 없을 것이다."

의자왕이 이렇게 생각하고 있었다고 해도 무리는 아니다. 그리고 무엇보다 고구려는 강했다.

고구려가 멸망한 것은 연개소문이 몰락한 이후이다. 연개소문은 영류왕을 살해했기 때문에 극악무도한 사람이라는 이미지가 강하다. 그러나 연개소문이 능력을 발휘해 당의 공격을 저지한 것도 사실이다.

『삼국사기』「고구려본기」에 따르면 658년 6월, 당의 정명진과 설인귀가 군대를 이끌고 고구려를 공격했지만 고구려군에게 격퇴당했다. 659년 11월에도 설인귀 등이 고구려의 온사문과 횡산에서 전투를 치렀다. 『구당서』나 「고구려본기」에는 이때 전투에서 당이 고구려군을 쳐부순 것으로 되어 있다. 그러나 이 전투로 고구려가 멸망하거나 항복하지 않았다. 「고구려본기」 기사는 기본적으로 『당서』를 참고했기 때문에 양서가 모두 당에 유리한 내용으로 서술되었다고 봐야 한다.

　어쨌든 백제의 입장에서 보면 고구려가 당에게 패배할 이유는 없었다. 비록 일시적으로 당이 승리해도 고구려 왕조는 몇 번이고 부활할 수 있다고 생각했던 것이다.

　고종은 고구려 원정이 그다지 진전이 없음을 느꼈을 것이다. 그로서는 수의 실패를 되풀이하고 싶지도 않았을 것이다. 고구려 원정을 이대로 질질 끌면 국력이 소진될 수밖에 없었다. 고종은 새로운 전략을 모색해야 했다. 그렇지만 고구려 문제와 관련해서 획기적인 전환점은 없었다. 과연 고종의 입장은 어떠했을까?

　이 시기 당의 궁정에서는 많은 변화가 일어나고 있었다.

　우선 영휘 6년(655) 10월 황후와 숙비가 폐위되고 얼마 후에 무조의武照儀가 황후로 즉위했다. 그녀가 바로 측천무후이다. 무후는 서서히 반대파를 숙청해 나갔다. 현경 원년(656) 황태자 진왕陳王 이충李忠을 폐위하여 양왕梁王으로 삼고, 자신이 낳은 대왕代王 이홍李弘을 황태

| 측천무후 | 『역대군신도상歷代君臣圖像』

자로 즉위시켰다. 그리고 태종 이래 충신이었던 저수량褚遂良·한원韓瑗·내제來濟를 지방으로 좌천시켰다. 모두 같은 해에 있었던 일이다. 그리고 고립된 장손무기長孫無忌를 압박하기 시작했다.

현경 4년 여름 허경종許敬宗에 의해 장손무기의 모반이 폭로되었다. 고종은 후견인인 장손무기의 모반을 처벌하지 않으려 했지만, 허경종의 설득으로 무기를 양주도독揚州都督으로 임명하는 문서에 서명했다. 무후파는 그 기회를 틈타 장손무기를 검주黔州(사천)의 벽지로 유폐시켜 자살하도록 했다.

장손무기는 태종 정부인의 오빠이며, 황태자와 위왕魏王 태泰의 후계자 싸움을 이용하여 진왕晉王 치治(후의 고종)를 황태자로 즉위시킨 인물이다. 따라서 고종이 즉위하자 정계의 실력자가 되었다. 고종은 장손무기에게 정치를 맡겨두고 번거로운 일에서 벗어나 있었다. 이러한 장손무기를 지지하고 있었던 사람이 앞서 좌천당한 저수량·한원·내제 3인이다. 즉, 고종 주변의 유능한 관료들이 무후에게 제거당한 것이다. 무후는 여성이었지만 장손무기 등을 대신해 스스로 정치를 하기 시작했다. 고종이 정무에 임할 때 무후는 배후에서 구체적인 지시를 내렸다. 이른바 수렴청정이다. 세상 사람들은 이 두 사람을 가리켜 이성二聖이라고 불렀다.

당이 고구려 원정을 일시적으로 중단하고 백제 원정으로 방향을 돌린 것은 바로 이 시기이다.

무후는 눈엣가시였던 장손무기 일파를 정리한 후 의기양양했을 것이다. 또한 앞으로 고종과 함께 세상의 봄을 노래하고 싶었을 것이다. 인덕 원년(664)에 수렴청정을 시작하여 홍도 원년(683) 고종이 죽자 스스로 정무를 도맡은 무후이다. 그녀는 두 황제를 섬기면서 자신만의 궁정을 꿈꾸었을 것이다. 그렇지만 병약한 고종에게도 한 가지 양보할 수 없는 것이 있었다. 바로 고구려 원정이 그것이었다. 그것은 무후가 자신의 꿈을 실현하는 데 방해가 되었다.

고종은 아버지 태종 이후의 숙원이었던 고구려 원정을 수행하지 못하자 편히 지낼 수가 없었다. 무후의 입장에서 보면 '자신이 직접 고구려를 무너뜨릴 기개도 없는 주제에 그렇게까지 양보하지 않는 이유가 무엇일까?'라는 생각까지 들었을 것이다. 그러나 적어도 고종은 황제이고, 게다가 고구려 원정이 태종 이래의 숙원임은 백성들도 알고 있었다.

아마 무후는 그 귀찮은 고구려 원정을 빨리 끝내고 고종의 기분을 만족시켜 주는 쪽이 후사를 도모하는 데 더 좋을 것이라고 생각했을 것이다. 그렇지만 현실은 정관 19년(645) 제1차 고구려 원정, 20년(646) 제2차 원정, 22년(648) 제3차 원정 모두 이렇다 할 성과를 올리지 못한 채 끝났다. 아무래도 간단한 일이 아니었다. 무후는 장군들의 보고를 듣고 고심했을 것이다.

무후가 고민하고 있을 때 당에 머무르고 있던 신라의 인문이 접근했다.

"무후마마, 진언드리고 싶은 말씀이 있습니다."
"그대는 신라 왕자 김인문이 아닌가?"
"제 이름을 알고 계시다니 영광일 따름입니다."
"그래, 하고 싶은 말이 무엇이오."
"신 인문, 무후마마가 고구려 원정 문제로 고민하고 계신다는 말을 들었사옵니다."
"그렇소. 난처해하고 있소."
"신의 생각에 장안에서 고구려는 매우 멉니다. 아무리 당군이 강하다 한들 멀리 있는 고구려까지 원정하게 되면 병사들이 피폐해질 것입니다. 또한 고구려는 결코 약하지 않습니다. 고구려 땅에서 피폐해진 군사들로 싸운다는 것은 당에게 불리하지 않을 수 없습니다."
"그대의 말이 맞소."
"그러나 원정군을 덜 고단하게 하면서 고구려와 대전하면 결과는 크게 달라질 것입니다."
"……."
"우리 신라가 당군의 선봉에 서서 고구려 원정에 협력하면 어떻겠습니까?"
"신라가 협력한단 말이오?"

"물론입니다. 신라는 고구려와 국경을 접하고 있습니다. 군량도 신라에서 조달한다면 지금보다 나은 조건에서 전쟁을 치를 수 있을 것입니다."

"좋은 생각이오!"

"그러나 여기에 한 가지 방해물이 있습니다."

"무엇이오?"

"백제이옵니다. 신라와 백제 중, 백제 쪽이 고구려와 가깝습니다. 게다가 백제는 고구려와 동맹을 맺고 신라를 공격하고 있습니다. 신라가 아무리 당에 협력하려 해도 항상 백제에 가로막히고 있습니다."

"무엇이라? 그러한 사실이 있었단 말이오?"

"그렇습니다. 신 인문, 진심으로 청원 드립니다. 백제원정군을 보내 주십시오. 백제가 멸망한다면 신라는 어떻게 해서라도 고구려 원정에 협력할 것을 맹세하겠습니다."

"뭐, 백제원정군을 보내 달라고?"

"백제원정군 파견이 전혀 관계가 없다고 생각하실지도 모릅니다. 우매한 책략이라고 말씀하시는 분도 계실 줄 압니다. 그러나 지금처럼 고구려 원정을 지속한다면 결국 같은 결과가 나올 가능성이 높다는 것을 현명하신 무후마마께서는 누구보다 잘 알고 계실 것입니다. 따라서 백제를 쓰러뜨리고 우리 신라가 고구려 원정에 협력할 수 있는 체제를 구축한 후 고구려 원정을 단행하는 것이 얼마나 효율적인지 생각해 주시기를 엎드려 간절히 부탁드립니다."

"그대의 말은 잘 알겠소. 바쁠수록 돌아가라는 말이군. 황제와 함께 심사숙고해 보도록 하겠소."

"감사하옵니다."

병약하게 태어나 풍현風眩(풍사로 인해 생기는 현기증-역자 주)이라는 지병을 앓고 있던 고종에 비해 무후는 적극적이고 유능했다. 고구려 원정을 이대로 지속하는 것보다 고구려 뒤에서 지원하고 있는 백제를 누르고, 신라를 고구려 공격에 가담시키는 쪽이 효율적이라고 생각했을 것이다.

김인문이 당에 머무르던 이유도 당군의 파견을 실현시키는 것이었다. 당이 백제원정군을 보낸다는 것은 신라도 백제를 공격해야 하고, 그 후 고구려 공격에도 가담해야 한다는 각오가 필요했다. 그러나 그것뿐만이 아니었다. 이후 한반도에서 당의 세력을 몰아낸다는 것까지 염두에 두고 있어야 했다. 따라서 무후의 등장은 신라에게 큰 의미가 있다고 할 수 있다.

만약 무후가 등장하지 않았다면 고종은 고구려 원정만 되풀이하고 있었을 것이다. 당군이 국지전에서 고구려에 승리를 거둔다고 해도 최종적으로는 공격과 방어만 되풀이하다 피폐해져 극한의 동장군 앞에서 후퇴할 수밖에 없었을 것이다. 그렇게 되면 백제는 그 사이 점점 신라를 공격해 왔을 것이고, 신라는 결국 멸망했을지도 모른다.

한편 이 시대가 여제의 시대였다는 사실이 새삼 떠오른다. 신라는 현재 무열왕이 왕위에 올라 있지만, 전에 2대에 걸쳐 선덕·진덕여왕이 왕위에 있었다. 일본도 코토쿠 1대를 사이에 두고 코쿄쿠·사이메이라는 2대의 여왕이 탄생했고, 당에서도 측천무후가 등장했다. 그러나 여왕이 등장하지 않았던 고구려·백제는 멸망했다.

사이메이, 다시 왕으로 즉위하다

　　　　　　측천무후가 황제와 황후를 폐하고 스스로 황후가 된 655년, 일본에서도 사이메이^{齊明}가 코토쿠^{孝德}의 뒤를 이어 여왕으로 다시 등장했다.

　사이메이는 죽은 코토쿠의 외아들인 아리마^{有間} 왕자가 아직 20세가 안 됐다는 이유로 스스로 왕위에 올랐다. 자신의 아들인 나카노 오에^{中大兄}에게 양위하기 위해서였다. 나카노 오에는 당시 30세로, 즉위하기에 충분한 나이였다. 본래 조메이^{舒明}-코교쿠^{皇極}-나카노 오에 순으로 천황직이 이어질 예정이었는데, 외교문제가 뒤얽혀 호족을 등에 업은 가루 왕자가 쿠데타로 코교쿠의 뒤를 이어 코토쿠로 즉위했다. 이 때문에 코교쿠(훗날의 사이메이로, 다시 왕이 되었음-역자 주)의 계획에 차질이 생겨 그녀는 어그러진 것을 바로잡아야만 했다.

사이메이에게 코토쿠는 동생이면서 견제해야 할 상대였다. 사이메이 정권은 코토쿠 노선을 부정하는 것부터 시작했다. 특히 외교를 중시해서 난바難波로 수도를 옮긴 코토쿠의 방침을 정면으로 부정하여 수도를 다시 야마토大和로 옮겼다. 그리고 코토쿠가 친당노선을 취하고 있었기 때문에 사이메이 정권은 반당노선을 취했다. 이는 일본에 머무르면서 일본의 외교노선을 지켜보던 신라사절들에게 매우 기쁜 소식이었다.

때마침 사이메이 원년(655) 8월 1일, 견당사였던 카와베노오미 마로 등이 당에서 귀국했다. 카와베노오미 마로가 당에 건너간 것은 백치 5년(654) 2월이었으니 1년 반 만의 귀국이었다. 그들은 친당노선을 걷던 코토쿠가 파견한 사신이었기 때문에 보고해야 할 사람이 없자 어리둥절했을 것이다.

한편 이 시기에는 '신라는 급찬 미무彌武를 인질로 파견함과 동시에 12명의 기술자를 보내 왔다. 미무는 병에 걸려 죽었다'는 기사가 있다. 미무는 일본에 건너가자마자 병에 걸려 죽은 듯하다. 그러나 12명이나 되는 기술자를 보낸 것을 보면 신라도 일본의 환심을 사고자 했음을 알 수 있다. 적대하고 있는 나라에 귀중한 기술자를 보내는 일은 있을 수 없다. 12명의 '재기자才伎者'들은 일본의 관아공방에 배치되었을 것이다. 그리고 거기서 주고받는 내용이 정보로 분석되고 있었을 것이다.

신라사절단이 일본으로 건너 간 일이 있은 후 사이메이 조정은 656년 9월 고구려에 외교사절을 파견했다. 대사는 카시와데노오미 하츠미膳臣葉積, 부사는 사카이베노무라지 이와스키坂合部連磐鍬, 대판관은 이누카미노키미 시로마로犬上君白麻呂, 중판관은 코우치노 후미노오비토河內書首, 소판관은 오오쿠라노키누누이노미야츠코 마로大藏衣縫造麻呂였다. 꽤 큰 규모의 고구려 사절단이었다.

당이 고구려 원정을 되풀이하던 시기에 굳이 일본이 고구려에 사신을 파견한 일을 어떻게 이해해야 할까? 이것은 적어도 당 왕조로부터 환영받지 못할 행위였다. 이것만 보더라도 코토쿠의 친당외교는 수포로 돌아갔음을 알 수 있다.

또한 3년 시세조를 보면, 일본은 기묘한 일을 꾸미고 있다.

그 해에 사신을 신라에 파견하여 다음과 같이 말했다.
"승려 치다치智達 · 하시히토노무라지 미마야間人連御厩 · 요사미노무라지 와쿠고依網連稚子 등을 귀국의 사절과 함께 당에 보낼 수 있겠습니까?"
신라는 승낙하지 않았다. 어쩔 수 없이 승려 치다치 등은 돌아왔다.

사이메이는 신라에 사신을 파견하여 승려 치다치 · 하시히토노무라지 미마야 · 요사미노무라지 와쿠고 등을 신라 사절이 당에 들어갈 때 같이 데리고 가 주기를 바랬지만 거절당했다는 내용이다. 이는 납득하기 어려운 이야기이다. 치다치는 당에 유학을 보내려는 승려, 하시히토노무라지 미마야·요사미노무라지 와쿠고는 유학생인 듯한데 왜 신라는 이들을 당에 데리고 가는 것을 거절했을까? 또한 일본은 당나라에 사신을 직접 파견하면 그만이다. 그런데 왜 그렇게 하지 않았을까? 게다가 이들 세 명은 신라가 의뢰를 거절하자 일본으로 귀국했다. 이것도 이상하다. 당에 가는 것이 목적이라면 신라에게 거절당해도 백제에 의뢰하든지 독자적으로 가든지 방책을 세워야만 했다. 그런데 그들은 귀국해 버렸다. 이들은 당에 가는 것이 목적이 아니라 신라에 가는 것이 목적이었을지도 모른다.

사이메이 2년 시세조에는 외교상 이해하기 힘든 기사가 또 있다.

① 서해사西海使 사에키노무라지 다쿠나와佐伯連栲繩·소산하小山下 나니와노키시 쿠니카츠難波吉士國勝 등이 백제에서 돌아오면서 앵무 한 쌍을 바쳤다.

그리고 3년 시세조에는 다음의 기록이 보인다.

② 서해사 소화하小花下 아즈미노무라지 츠라타리阿曇連頰垂·소산하 츠노오미 쿠츠마津臣傴僂가 백제에서 돌아오면서 낙타 한 마리, 노새 두 마리를 바쳤다.

또한 4년 시세조에서는 이렇게 기록되어 있다.

③ 서해사 소화하 아즈미노무라지 츠라타리, 백제에서 돌아와 "백제가 신라를 정벌하고 돌아갈 때 말이 제 맘대로 절의 금당 주변을 밤낮 없이 계속 돌았다. 오직 풀을 먹을 때만 멈추었다."고 보고 하였다.

이 ①~③의 『일본서기』 기사를 믿는다면 사이메이 2년부터 4년까지 매년 일본은 백제에 사신을 파견했다. 사이메이 4년은 백제가 멸망한 해이기 때문에 사이메이조는 백제의 멸망에 대해서 상세한 정보를 가지고 있었을 것이다.

쇼가쿠칸小學館 출판의 『일본고전문학전집 일본서기 3』의 두주頭註에는 "사이메이 2년 시세조, 3년 시세조의 서해사는 백제에 보낸 사신을 뜻하며, 본조의 서해사는 사이메이 3년과 같다."고 설명하고 있다. 이와나미岩波 서점의 『고전문학대계 일본서기(하)』의 두주도 "이하는 츠라타리가 3년에 귀환했을 때의 보고. 백제 멸망의 징조로서 작어雀魚 사건과 관련된 것인가."라고 적고 있다. 즉, 두 책 모두 ②와 ③의 기사는 같은 시기의 백제에 보낸 사신의 보고를 별개의 연차기사로 기록했다고 해석하고 있다. 아즈미노무라지 츠라타리가 서해사였다는 공통점이 있기 때문에 이런 해석은 개연성이 크다.

그러나 백제는 일본에서 그리 멀리 떨어진 나라가 아니다. 당의 장안이라면 당나라에 보내는 사신이 탄 배를 타고 양주까지 가서 다시 육로를 따라 왕복해야 하지만, 백제는 기후만 좋으면 북규슈에서 배로 1주일이면 갈 수 있는 거리에 있다. 사이메이 2년부터 4년까지 매

년 백제에 사신을 파견했다고 해도 이상할 것은 없다. 게다가 ①~
③의 기사는 귀국 기사로, 파견 기사는 『일본서기』에 기록되어 있지
않다. 그렇다면 서해사의 역할은 백제에 공식적으로 방문한 것이 아
닐지도 모른다.

사이메이 2년 서해사가 가져온 앵무도 미묘한 존재이다. 앵무는
한반도가 중국 왕조와의 교섭하던 중에 입수한 것으로 여겨진다. 사
이메이 3년의 낙타도 마찬가지이다. 백제에 사신을 보내어 앵무나
낙타를 가지고 돌아왔다는 것은 어딘가 이상하다. 처음부터 이해할
수 없는 부분이다. 신라와 항상 전투 상황에 있던 백제에서 앵무나
낙타를 데리고 온다는 것은 현실과 괴리감이 있어 보인다.

편찬상의 문제에 지나지 않지만, 사이메이 4년 ③의 기사 직전에
는 백제 멸망의 기사가 삽입되어 있다.

어떤 사료或本에 따르면 "경신년 7월이 되어 백제가 사신을 파견하여
'당과 신라가 연합하여 백제를 공격해 왔다. 이미 의자왕·왕후·태자 등
이 포로가 되어 끌려가 버렸다'라고 전했다. 이에 일본 정부는 병사들을
서북의 해안에 주둔시키고 성책을 수리했다."고 한다.

위의 사료에 보이는 '경신년'은 2년 후인 사이메이 6년(660)을 가
리킨다. 그렇다면 왜 사이메이 6년조에 기재하지 않고 이곳에 삽입
했는지도 의문이다. 또한 사이메이 6년 7월조에는 고구려의 사문沙門

도현道顯의 『일본세기』와 『이키노무라지 하카토코서』가 인용되어 있는데, 백제 멸망 과정에 대해서 자세하게 기록하고 있다. 사이메이 4년 시세조에 「혹본或本」을 인용할 필요성은 없다.

이런 편찬상의 문제를 쉽사리 해결할 수 있는 방법은 없다. 오로지 상상에 맡길 뿐이다. 이 경우는 본문과 「혹본」 모두 백제에서 전해들은 정보를 가지고 서술한 기사라고 생각하는 것이 가장 타당하다.

서해사로 알려진 아즈미노무라지 츠라타리는 덴지天智 9년 9월 1일조에 "아즈미노무라지 츠라타리를 신라에 보냈다."는 기사가 보이고, 12년 후 견신라사로 나온다. 백제와 신라에 사신으로 간 것을 보면 츠라타리는 고대 한국어에 능통했던 인물이었던 것 같다. 만약 그렇다면 사이메이 3년과 4년 기사는 츠라타리가 두 차례 백제에 갔다 온 것을 기록한 것으로 간주해도 무방하다. 일본이 이처럼 정보 수집을 위해 백제에 사자를 자주 파견한 이유는 혼돈의 동아시아 정세를 파악하기 위해서였다고 생각된다.

사이메이가 어떻게 생각하고 있었는가와는 별개로, 다음 천황으로 즉위한 나카노 오에는 당 유학 경험이 있는 미나부치노 쇼안南淵請安의 글방을 오갔기 때문에 당연히 당의 사정에 대해서 관심을 가졌을 것이다. 또한 앞날을 우려해 동아시아 전체의 동정에 대해서도 살폈을 것이다. 특히 훗날 그가 오오미령近江令의 제정을 추진한 점을 고려하면, 수·당의 율령제를 통해 지금까지와 같은 호족합의제가 아닌 새로운 지배체제를 성립시킬 수 있을 것이라고 예견했던 것으로 보인다. 이를 위해서라도 숙부인 코토쿠의 친당노선을 어머니처럼 무조건 부정해서는 아무런 도움이 되지 않는다고 느꼈을 것이다.

그렇지만 당에 갔던 경험이 없는 나카노 오에는 고구려와 당나라의 전쟁이 일본과는 상관없는 일로 여겨지는 점이 곤란스러웠을 것이다. 곤란하면 할수록 가능한 많은 정보를 수집해야 했다. 나카노 오에는 일본 주재 각국 사신과 교류하고, 역으로 사신을 파견하기도 하여 최신 정보를 입수했을 것이다. 아마 아즈미노무라지 츠라타리도 그런 정보 수집원 중 한 사람이었을 것이다.

일본에 머물던 백제 사절단은 타국과 비교하면서 백제야말로 진정한 일본의 우호국임을 강조했을 것이다.

고구려 사절단은 어떠했을까? 일본으로부터 군사적 원조를 얻을 수 있다면 비록 그것이 적다 하더라도 고마웠을 것이다. 때문에 고구려 사절단은 당 공격의 부당성을 사이메이 조정에 계속해서 호소했을 것이다.

그럼 신라 사절단이 백제의 침공을 강조한 것은 어떤 의미가 있었을까? 물론 사실을 전했을 것이고, 신라가 독자적으로 막고 싶다는 의향을 전했을 것이다. 그러나 무열왕이 기대한 것은 그런 것이 아니었다.

일본은 한반도와 바다를 사이에 두고 있는 나라이다. 바다를 건너 한반도 내의 싸움에 참여하기 위해서는 어떤 이득이 있어야만 했다. 7세기 한반도 내의 전란은 어느 나라가 한반도의 통일을 이룰 것인가로 좁혀지고 있었다. 한반도 통일이 일본에 줄 수 있는 이득은 없었다. 아마 백제가 신라를 병탄한다면 북방에 견고한 성벽을 쌓아 고구려와 경계를 나란히 할 계획이었을 것이다. 어쩌면 한반도의 대부분을 백제가 장악할 것이라고 생각했을지도 모른다. 고구려와 맺은 비밀동맹은 이 정도의 관계 구축이 목적이었다. 또한 일본은 만약 통일백제가 된다고 하더라도 백제가 일본까지 원정 올 것이라고는 생각하지 않았다. 한반도 내의 다툼은 일본과 아무런 관계도 없는 일이었다.

신라 입장에서는 백제의 한반도 통일을 막기 위해서라도 당의 군사력을 이용하고 백제의 침공을 억제해야만 했다. 그러나 이번에는 당의 군사력이 신라를 위협할 것임을 간단히 예견할 수 있었다. 그것을 막기 위해서는 일본의 참전이 필요했다.

당은 당연히 백제와 고구려를 정복한 후에 신라도 정복할 생각이었다. 그러나 당의 한반도 침략 과정 중에 일본이 참전한다면 어떻게 될까? 일본은 당과는 거리가 멀다. 먼 소국의 저항 때문에 당이 일부러 감시 기구를 두어야 하는 성가신 일이 생긴다. 그렇다면 신라를 존속시켜 일본을 억제하는 편이 낫다고 생각할 것이다. 이것이 신라를 존속시켜야 하는 한 가지 명분이 된다. 또 하나는 일본이 당과 협력하여 신라를 공격하는 상황은 피할 수 있을 것이었다. 이것 또한 중요했다.

이와 같은 안전 장치를 위해 신라는 일본에게 한반도의 전란이 자신들에게도 관계 있다는 점을 인식시켜야 했다. 그 때문에 신라 사절단은 신라의 대신들이 당의 군사력을 이용하여 백제를 치려한다는 것을 걱정하듯이 사이메이 조정에 말할 필요가 있었다.

"당을 끌어들이는 것은 양날의 칼을 쥐고 있는 것과 같다.", "백제의 멸망은 신라의 멸망을 재촉한다.", "고구려 멸망 후에는 신라의 멸망이 기다리고, 그것은 일본에도 영향을 미친다." 등의 비관적인 의견을 내놓아 사이메이 조정의 합의자, 즉 나카노 오에 등에게 위기감을 불러일으켰을 것이다.

한반도 삼국의 일본 거주 사절단은 목적은 각각 달랐지만 결과적으로 일본의 참전을 재촉하는 정보를 나카노 오에에게 제공하고 있었다.

백제부흥군의 요청

　사이메이·나카노 오에는 659년 7월 사카이베노무라지 이와시키坂合部連石布·츠모리노무라지 기사津守連吉祥를 당에 파견했다. 상세한 내용은 『이키노무라지 하카토코서伊吉連博德書』에 기술되어 있다.

　당나라에 보내는 사신단을 태운 배는 두 척이었다. 같은 해 7월 3일 난바의 미츠노우라三津浦를 출발, 8월 11일 츠쿠시筑紫의 오오츠노우라大津浦에서 출항했다. 9월 13일 백제 남쪽 섬에 도착했지만, 그 후 두 척의 운명은 엇갈렸다. 이와시키의 배는 멀리 남쪽으로 표류하다가 니카이爾加委라는 남해의 섬에 도착했다. 선원은 섬사람들에게 살해당했다. 기사의 배는 9월 16일 무사히 월주越州 회계현會稽縣 수안산須岸山에 도착해 23일 여요현餘姚縣에 이르렀으며, 윤10월 1일 월주의 관아에 도착했다. 이곳에서 10월 15일 장안을 향해 출발했다. 같은 달 29일 낙양에 도착했는데, 고종 황제가 낙양에 와 있었다. 기사 일행은 예정보다 빠른 같은 달 30일에 고종을 배알했다.

『이키노무라지 하카토코서』에 따르면 고종은 659년 낙양에 있었고, 이미 정치 무대에서 내려왔음을 알 수 있다. 장안을 떠난 것은 무후의 지시에 따른 것으로, 고종의 낙양행은 측천무후 정치가 시작되었음을 의미한다.

낙양에서 하카토코 등은 고종에게 내년에 있을 백제원정군 이야기를 듣고 장안에 유폐되었다. 하카토코의 귀국 보고가 정확하다면 역시 당의 백제 출병에는 측천무후의 의견이 강하게 반영되었음을 알 수 있다.

『일본서기』에 따르면 일본에 백제 멸망 소식이 전해진 것은 사이메이 6년(660) 9월이었다. 백제가 달솔(이름 미상)과 사미각종沙彌覺從을 파견해서 다음과 같이 상황을 전했다.

올해 7월에 신라가 세력을 확장하여 이웃나라인 백제와 가까이 지내지 않으면서 당과 연합하여 백제를 멸망시켰습니다. 백제의 군신은 모두 포로가 되어 남아 있는 백성도 거의 없습니다. 이에 귀실복신鬼室福信이 매우 분개하여 임사기산任射岐山에 웅거하고, 달솔 여자진餘自進은 중부中部 구마노리성久麻怒利城에 진영을 구축했습니다. 각각 한 곳에 군영을 만든 뒤 흩어진 군졸을 불러 모았습니다.

신라를 둘러싼 동아시아의 정세   149

사이메이 조정은 이 보고에 대해 어떻게 생각했을까? 너무 어이없는 백제 멸망 소식에 놀랐을까? 아니면 당군의 신속함과 강력함에 놀라움을 금치 못했을까?

만약 한반도의 일본 주재 사절단들이 일본 정부를 움직이려는 외교 전략을 구사했다면, 사이메이 조정은 당의 이후 동향을 예의주시했을 것이다.

사이메이 조정은 오직 한 가지 점에만 집중했다. '당이 일본까지 촉수를 뻗어 올 것인가?' 하는 점이다.

같은 해 10월 백제 잔존 병력 우두머리인 귀실복신이 좌평 귀지貴智를 사자로 파견했다.

겨울 10월. 백제 좌평 귀실복신이 좌평 귀지 등을 보내어 당나라 포로 100여 명을 바쳤다. 지금의 미노노쿠니美濃國의 후와不破·카타아가타片縣 2군郡의 당인들이다. 또한 원군을 요청하고 아울러 왕자 부여풍을 보내줄 것을 요청하면서 "당인들이 해충 같은 적을 거느리고 와서 우리 영토를 뒤흔들어 놓고, 우리의 사직을 전복시켜 우리의 왕과 신하를 포로로 잡아갔습니다. 그러나 백제국은 멀리 천황天皇의 보호에 의지하며 다시 사람들을 모아서 나라를 이루었습니다. 바야흐로 이제 원하오니 백제국이 천조天朝에 보내 시위하도록 했던 왕자 부여풍을 맞이하여 국주國主로 삼으려고 합니다."고 운운했다.

요컨대 지금까지 일본에 머무르고 있던 부여풍을 국왕으로 삼고 싶으니 돌려보내 달라는 것이다. 귀실복신의 요청이 내용 그대로였는지는 의문이다. 우선 이 시대에 백제 왕족인 복신이 사이메이를 '천황'이라고 부르지 않았을 것이고, 일본을 향해서 '천조'라고 표현하지도 않았을 것이다. 그러나 적어도 부여풍 소환 요청은 사실일 것이다.

일본 입장에서는 부여풍을 백제로 돌려보내는 것에 반대할 이유가 없었다. 그러나 복신의 요청은 그것만이 아니었다. '구원군 요청'에는 쉽사리 답할 수가 없었다. 한 왕자의 귀국으로 단순히 끝낼 수 있는 문제가 아니었기 때문이다. 백제를 멸망시킨 것이 나당연합군인이상 백제에 구원군을 보내는 것은 대국인 당을 상대로 전쟁을 치른다는 것이기 때문이다.

이러한 복신의 요청에 대해 사이메이는 간단하게 다음과 같이 답했다.

원군을 요청하는 것은 옛날에도 있었다고 들었다. 위기에 빠진 것을 도와주고 끊어진 것을 이어 주는 것은 항전恒典에 나타나 있다. 백제국이 궁지에 몰려 우리에게 도움을 요청해 왔다. "본국이 망하여 어지러운데 의지할 곳도 알릴 곳도 없어 창을 베고 쓸개를 핥는 것과 같이 고생하고 있으니 반드시 구원해 주십시오."라고 멀리서 와서 표를 올렸다. 그 뜻을 저버리기 어렵다. 장군들에게 각각 명하여 여러 길로 나누어 일제히 나아가라. 구름이 모이고 번개 치는 것과 같이 함께 사탁沙喙에 모여 악의 우두머리를 베면 무엇이라 표현할 수 없이 고생하고 있는 백제를 평온하게 해 줄 수 있을 것이다. 담당관은 충분히 준비해서 예를 다하여 떠나 보내도록 하라.

요청을 받자마자 내린 명령이었다. 어떤 계획도 없이 복신의 요청에 감정적으로 대응하고 있다. 이것이 사실이라면 일본의 입장에서는 부끄러워해야 할 결정이다. 적어도 일국의 군대를 움직여야 하는 외국 파견을 '위기에 빠진 것을 도와주고 끊어진 것을 이어주는 것은 항전에 나타나 있다'는 이상론에 따라 결정 내리는 것은 위정자로서 할 만한 행동이 아니다.

사이메이 조정에서도 백제가 구원 요청을 하기 전부터 한반도의 정세를 알기 위해 노력했다는 것은 이미 언급한 바 있다. 오히려 일본 조정 수뇌부들의 머릿속에는 드디어 올 것이 왔다는 생각이 지배적이었을 것이다. 여기서도 선택은 제한되어 있었다.

- 백제의 요청 그대로 구원군을 파병한다.
- 백제의 요청은 무시하고 계속 중립적인 입장을 고수한다.
- 당에 사신을 파견하여 그 지시에 따른다.

그러나 주의해야 할 것은 백제로 파견하는 군대는 '백제구원군'이 아니라 사실 '백제부흥군'이라는 점이다. 백제 왕실은 이미 멸망해서 의자왕·태자 융을 비롯한 주요 인물이 당에 압송된 상태였다. 그래서 왕자인 부여풍을 소환한 것이다. 지금 멸망할 것 같으니 구원해 달라는 것이 아니었다. 백제 왕실을 부흥하기 위해 왕으로 추대할 부여풍과 이를 군사적으로 지원할 수 있는 부흥군을 파견해 달라는 요청이라는 점을 상기해야 한다. 따라서 '끊어진 것을 잇기' 위해서이지, '위기에 빠진 것을 도와주기' 위한 것은 아니었다.

일본이 백제를 구원해야 할 이유는 어디에도 없었다. 백제가 멸망한 이유는 백제에 있었다. 백제가 신라를 지속적으로 공격했기 때문에 신라는 자력으로 위기를 타개하기 어렵다고 판단해 당에 구원군을 요청한 것이다. 그 결과 백제가 멸망으로 이어졌다는 것을 생각하면 자업자득이라고 할 수 있다.

가령 백제와 일본 사이에 이해관계가 있었다고 해도, 그것은 백제라는 국가가 존속해 있을 때의 이야기이다. 멸망해 버린 지금에 와서 부흥을 위해 도와주어야 할 의리는 없었다. 또한 부흥한다 해도 언제까지 도와야 할지 그 기간도 알 수 없었다. 그리고 만일 백제 왕실이 다시 일어선다고 해도 나당군이 후퇴할 리 만무했다. 그들이 다시 백제를 공격한다면 일본은 또다시 구원군을 파견해야 하니 백해무익한 일이었다.

그렇지만 일본은 백제구원군을 파병하기로 결정했다. 왜 그랬을까? 여기서 다시 가상회의를 열어보고자 한다.

회의에는 사이메이 천황, 나카노 오에 왕자, 이하 군사고문인 아즈미노 히라후阿曇比羅夫와 아베노 히라후阿倍比羅夫, 외교고문인 츠모리노 무라지 기사津守連吉祥, 정치고문인 소가노 아카에蘇我赤兄가 출석했다고 생각해 보자.

오에 : 결국 걱정하던 것이 현실이 되어 버렸습니다. 어찌하면 좋겠습니까?

사이메이 : 백제의 요청에는 답하지 않았는가?

아즈미 : 무기 등을 다소나마 보내고 싶습니다만······.

츠모리 : 그러나 당을 자극해서는······.

오에 : 묘책이 아닙니다.

사이메이 : 그럼 어찌해야 된단 말인가?

아즈미 : 백제가 멸망하게 된다면 다음은······.

츠모리 : 이번에는 당이 신라를 고구려 원정에 이용할 것입니다.

오에 : 고구려는 강합니다.

츠모리 : 그렇습니다. 고구려는 강합니다. 그러나 고구려가 강한 것은 연개소문이 있기 때문입니다.

아카에 : 연개소문을 제거한다면······.

츠모리 : 고구려는 무너집니다.

사이메이 : 고구려가 무너진다면 그것으로 당은 본국으로 돌아가지 않겠는가?

아카에 : 그렇게 되기를 바랍니다만······.

아베 : 아마 그것을 기회로 한반도 전역을 지배하려고 할 것입니다.

사이메이 : 신라가 쓸데없이 당을 끌어들였기 때문이다.

오에 : 지금에 와서 그런 말씀은 소용이 없습니다.

사이메이 : 알고 있다. 허나 왠지 분하구나.

츠모리 : 저희는 조용히 사태를 지켜보는 것이 어떨지…….

오에 : 아니, 그럴 수는 없다. 앞, 그 앞까지 꿰뚫어 보지 않으면 우리 일본은 이후 동아시아 세계에서 존속할 수 있을지 없을지조차 알 수 없게 된다.

아베 : 그럴 것입니다.

사이메이 : 츠모리, 지금까지의 정보를 한 번 정리해 보거라.

츠모리 : 네. 백제의 사신들은 이전부터 신라가 당에 접근하는 것은 한반도 정세를 악화시키는 꼴이라고 강조해 왔습니다. 이에 대해 신라 사신들은, 그렇다면 백제가 신라에 대한 공격을 멈추라고 했습니다. 다만 신라 사신들도 본국이 당을 한반도에 끌어들이는 것은 매우 위험한 일임을 알고 있었습니다. 고구려 사신은 긴 세월 동안 수와 당의 침공에 고통을 겪었습니다. 이 때문에 우리나라에도 당의 위협에 대해서 상세하게 역설해 왔습니다. 한편 당에 건너갔던 우리나라 사람들에 따르면 당은 태종·고종 2대에 걸쳐 국력을 충실히 쌓고 율령을 반포하여 국가기구도 정비한 후이기 때문에 그 세력이 점점 확장될 것이라고 예측했습니다.

아카에 : 그렇다면 당의 영토확장에 대한 야욕은 거침이 없다는 말인가?

츠모리 : 네, 틀림없을 것입니다. 당은 신라에게 요청받은 이상의 것을 노리고 있습니다. 신라가 당에 요청한 것은 백제의 멸망입니다. 그런데 당은 백제를 멸망시키고, 그 후 백제의 영토를 당의 영토로 삼기 위해 의자왕 이하 왕가 사람들을 장안으로 압송했습니다.

사이메이 : 흠, 그럼 이대로 좌시하고 있으면 당이 일본에도 미칠 가능성이 있단 말인가?

츠모리 : 그것은 뭐라 말씀드리기가……. 그러나 전혀 그렇지 않다고 말할 수 있는 상황은 아닙니다.

아카에 : 왕자님. 백제가 멸망했다고 하지만 그것은 왕실만이고 잔존 세력은 아직 견고합니다.

이즈미 : 게다가 고구려도 아직 강하게 저항하고 있습니다.

오에 : 그렇다면 지금이 유일하게 남아 있는 기회라는 말인가…….

사이메이 : 만약 백제구원군을 파견한다면 어떻게 되겠는가?

이즈미 : 물론 나당연합군과 전면전이 불가피할 것입니다. 백제구원군의 사기가 올라 있다 해도 정규군은 소멸했기 때문에 잔존 세력과 게릴라 전력뿐입니다. 만일 참가한다면 우리가 정규군이 되어 싸우는 양상이 될 것입니다.

오에 : 그러면 우리는 어느 정도의 군사를 동원할 수 있는가?

아베 : 우리는 아직 정규군을 가지고 있지 못합니다. 조정군은 이렇다 할 수가 못 됩니다. 야마토大和 호족의 군세를 총동원하면 수천 명이 될 것입니다. 급한대로 세토내해瀨戶內海의 여러 호족과 큐슈의 호족들에게서 동원할 수밖에 없습니다. 그러면 약 1만 명에 달하지 않을까 합니다.

오에 : 세토내해와 큐슈의 군사를 동원할 방책이 있는가?

아베 : 물품으로 움직일 수밖에 없습니다. 우리나라에는 아직 강력한 군역제가 없기 때문에 군역에 대한 대가를 물품으로 지불할 수밖에 없습니다.

오에 : 어쩔 수 없구나. 소집이 된다면 그것으로 만족해야겠지.

아베 : 1만……. 1만의 군사로 언제까지 버텨낼 수 있을지 의문입니다. 국지전이라면 전략에 따라 당군을 이길 수도 있습니다. 물론 그 반대의 결과가 나올 수도 있습니다.

아베 : 우리 군과 백제구원군이 어떻게 반反나당 세력을 결집시킬지가 관건입니다. 고구려가 당과 분전하고 있는 사이 나당군을 몰아낼 수 있는 세력을 모으면 될 것입니다. 당의 고구려 원정이 실패한다면 당 세력이 여기까지 미치지 않을 것입니다. 그 사이에 우리도 차근차근 군정을 정비해 나갈 장기 계획을 세워야 합니다.

오에 : 그렇다고해도 이 작전이 반드시 잘 이루어진다고 볼 수는 없다.

츠모리 : 그렇습니다. 그러나 이대로 아무것도 하지 않고 주시한다고 해도 당에게 공격당할 가능성이 높습니다. 그런 일이 없도록 빌기만 할지, 각오하고 백제를 도와 당의 세력을 몰아낼지 선택해야 합니다.

아카에 : 이전의 코토쿠 왕은 당과 우호적인 관계를 맺어왔습니다. 이때 한반도 제국과 마찬가지로 당의 책봉체제에 편입되는 것도 한 가지 선택이라고 생각합니다만…….

사이메이 : 그것만은 안 된다. 그러한 정책은 취하지 않을 것이다.

츠모리 : 기미체제하에 들어가 있던 한반도 제국이 당에게 정복되려는 지금, 이제 와서 기미체제하에 들어간다고 한들 과연 의미가 있을지 모르겠습니다.

오에 : 좋다. 물러날 수 없다면 공격할 수밖에 없다. 이즈미와 아베는 병사를 서둘러 동원하도록 하라.

이즈미·아베 : 네. 알겠습니다.

이 결정에 대해 『일본서기』는 사이메이 6년(660) 12월 14일조에 다음과 같이 기록하고 있다.

12월 정묘 초하루 경인에 대왕은 난바궁으로 행차했다. 대왕은 복신이 바라던 바대로 구원군을 파견하고자 츠쿠시筑紫에 가서 여러 무기를 준비하도록 했다.

이는 9월에 구원 요청이 온 후 12월에 구원 준비가 시작되고 있는 것으로, 약 3개월 후에 전투 준비에 들어갔다는 것은 꽤 빠른 결정이다. 그러나 이때부터가 시간과의 싸움이었다. 한반도의 정세는 시시각각 변화하고 있었다. 정세에 관한 정보도 정확히 얻어야만 했다. 사이메이 조정은 총력을 다해 대당·대신라전에 돌입하고 있었다. '여러 무기를 준비하라'고 한 것은 최초의 움직임이라고 해도 좋을 듯하다.

사이메이 조정은 대외전의 경험이 없었다. 이전의 고토쿠와 고교쿠 조정도 물론이다. 사실 일본은 긴메이 정권 이래 대외전과 거리가 멀었다. 무기뿐만 아니라 운송선도 준비되어 있지 않았다. 배를 건조하는 일은 많은 시일이 필요하므로 지금부터 배의 건조에 힘을 쏟는다 해도 시일을 맞출 수 없었다. 병사뿐만 아니라 전함도 세토우치 호족, 큐슈 호족에게 의존해야만 했다. 게다가 출병하기 전에 백제구원군의 귀실복신 등이 나당군에게 섬멸되어 버리면 아무 소용도 없는 일이었다. 시간과의 전쟁이 시작되었다.

일본, 백제구원군 파견

　　　　　　7세기는 동아시아 세계가 크게 변화한 시기이다.
　중국에서는 수가 통일왕조를 이룩했지만 얼마 못 가 2대째에 멸망하고, 이어서 당이 수립되었다.
　한반도에서는 고구려·백제·신라가 각각 영토확장 정책을 추진했지만 최후에는 신라가 통일왕조의 패자가 되었다.
　일본에서는 을사의 변과 그 소용돌이가 일어났고 백제구원군의 파병, 오오미近江 천도, 임신壬申의 난 등을 거쳐 이윽고 율령국가가 탄생했다.
　이렇게 동아시아 세계는 하나의 통일정권으로 향하는 전前단계인 대변혁이 7세기 중반부터 후반에 걸쳐 각각 다른 곳에서 일어났다.
　여기서 의문이 생긴다. 일본은 왜 백제구원군을 파병했을까? 백제구원군의 파병은 과연 일본의 변혁을 위해 꼭 필요한 것이었을까? 아니면 불가피한 일이었을까? 지금까지 연구에서는 다음과 같은 이유가 언급되고 있다.

기토 기요아키鬼頭淸明는 659년 당에 사카이베노무라지 이와시키坂合部連石布 등을 파견한 것을 보고 백제구원군의 파견은 659년 이후라고 보았다. 그리고 백제가 멸망하기 직전까지 '나당과의 결정적인 대립'을 가능한 피해 왔지만 일본이 위험을 무릅쓰고 백제에 군대를 파견하게 된 것은 백제와 신라에 대해 가지고 있던 공납 관계를 유지하기 위함이었을 것이라고 주장했다.

기토는 고구려 광개토왕비문에 기록된 '왜'와 그 후의 야마토 조정을 구별해서 생각하는 신중한 태도를 견지하고 있다. 이어 4·5세기에 왜가 한반도에서 군사적으로 활동하고 이에 따라 어떤 권익을 확보하고 있었으며, 그것이 이른바 '임나일본부'로서 『일본서기』에 표현되었다고 주장한다. 그리고 야마토 조정이 일찍이 왜의 권익을 계승하고자 가야 지역을 지배하에 둔 신라에게 '조공'의 형태로 공납을 받고 있었지만, 642년 대야성이 함락됨에 따라 가야 지역 북부가 백제의 영토가 되자 이번에는 백제에게 '신라의 조공'을 대신받았다고 한다. 즉 나당군의 침공으로 공납 위기를 맞이하자, 그 권익을 유지하고자 백제 구원에 참전했다고 생각한 것이다.

또한 기토는 사이메이를 이어 나카노 오에가 장악하고 있던 야마토 조정이 백제구원군을 보내기로 결정한 것은 다음의 세 가지 이유에서라고 주장했다. 첫 번째는 6세기 혹은 그 이전부터 지켜온 백제와의 우호 관계, 두 번째는 백제가 멸망함에 따라 야마토 조정이 유지해 왔던 백제와 신라로부터 조공을 받는 일과, 나아가 임나의 조공도 받는다는 대국주의적 외교가 불가능해질 위험에 놓였기 때문, 세 번째는 사회 질서가 동요하기 시작함에 따라 야마토 조정은 권력을 집중하기 위해 대외적인 군사 행동에서 성공을 거둘 필요가 있었기 때문이라는 것이다. 이러한 생각은 4세기 이래 한반도와 왜의 관계를 폭넓은 시야에서 조명한 것이지만 여기에는 당과의 전쟁에서 승리 가능성을 전제로 두고 있다.

반대로 당과의 전쟁에서 승리의 가능성이 없다면 기토의 논리는 깨진다. 전쟁에는 절대적인 것이 없기 때문에 승리의 가능성이 전혀 없다고 말할 수는 없지만, 제2차 세계대전에 참전한 것 이상으로 당시 일본이 승리할 가능성은 낮았다.

제2차 세계대전에서는 독립국인 독일과 이탈리아가 동맹국이었다. 그러나 백제구원군의 경우 백제는 멸망했고 고구려도 수와 당나라의 전쟁에서 피폐한 상태였으며, 신라는 적대국으로 존재하고 있었다. 어디를 보아도 당과의 전쟁에서 승리할 수 있는 요소는 보이지 않았다.

다음은 모리 기미유키森公章의 의견이다. 모리는 원래 일본은 동아시아 정세와 관계가 멀었다는 입장에서 논리를 전개하고 있다. 그는 "왜국에게 660년 일어난 백제의 멸망은 예측하지 못한 사건이었다.

백제부흥운동에 지원을 결정한 것도 왕자 부여풍이 인질로 왜국에 체재하고 있었기 때문으로, 수동적인 형태로 참전한 느낌이 강하다."라고 했다. 그리고 백제로 군사를 파견한 목적도 종종 '신라를 친다'고 기록하고 있듯이 왜국의 군사 파견에 대해 '한반도로 출병, 신라와의 전투'라는 인식이 강하며, 당과 승부를 겨룬다는 심각한 상황을 충분히 이해하고 있었는지 의심된다고 서술했다.

코토쿠의 사망으로 즉위한 사이메이는 다시 왕위에 오른 여왕의 위엄을 보이기 위해서인지 부질없이 대토목 공사를 계속 감행했다. 그 결과 '광란의 도랑'이라는 비난을 받았으며 평판까지 나빠졌다. 사이메이에게 가장 중요한 것은 나카노 오에의 즉위였고, 아리마 왕자의 동정에 신경 쓰느라 외교는 2차적인 문제였을지 모른다.

그러나 코교쿠 조정과 달리 사이메이 조정에서는 오에가 정치에 참여했고, 외교에 대한 의식이 확실히 자리 잡고 있었다. 오에는 쇼안의 글방을 오갔기 때문에 당에 대한 의식은 코토쿠와 같은 수준을 견지하고 있었다고 생각된다. 그 증거는 사이메이 3년(657) 신라를 매개로 사문 치다치를 당에 파견하고자 시도했다가 실패한 일이다. 그러나 결국 이듬해 재차 치다치 등을 당에 파견했다.

당에 억류되었다고는 하지만 당의 정세를 전하고자 한 이키노무라지 하카토코의 존재도 잊을 수 없다. 또한 『일본서기』의 기술이 정확하다면 사이메이 6년 9월 5일부터 같은 해 10월에 이르기까지 백제의 사신을 통해 얻은 정보는 마치 나당연합군이 전광석화電光石火와 같이 습격했다는 것이었다. 복신이 당의 포로 100여 명을 보내면서 당의 참전에 의해 백제가 멸망했다는 정보도 상세하게 전했을 것이다.

　이를 볼 때 모리가 말하는 바와 같이 일본이 정황을 어정쩡하게 파악하고 있었다고는 볼 수 없다. 일본도 일찍부터 당과 한반도의 정세에 대한 정보를 수집하고 있었고 당군의 강함도 충분히 숙지하고 있었던 것으로 보인다.

　마지막으로 토오야마 미츠오遠山美都男의 견해를 언급하고자 한다. 토오야마는 백강 전투의 이유를 가상제국주의에 두고 있다. 이시모타 쇼石母田正 이후 주장해 온 소중화주의小中華主義를 바탕에 깔고 있는 것이다. 소중화주의라는 것은 일본이 중국 왕조를 모방해서 한반도를 상대로 자신을 중화라고 인식했다는 생각이다. 토오야마는 사이메이 정권 때 있었던 아베씨의 동북원정을 국내의 오랑캐 정벌이라고 보았다. 그는 "일본 열도 내부에서 조공하는 오랑캐의 존재를 설정한 대왕 정권이 다음으로 착수한 것은 열도 외부에서 조공해 오는 이민족을 창출하는 것이었다. 백제 구원전쟁에 돌입해야 할 필요성은 멸망한 백제의 부흥을 원조하고 재생한 백제를 지배하에 둔다는 것, 바로 여기에 있다고 할 수 있다."고 이야기했다.

　확실히 사이메이 시기에 몇 번이고 기술되고 있는 아베노 히라후의 동북원정 기사는 국내의 오랑캐 정벌이라는 이미지를 만들어냈다. 이것이 토오야마가 서술한 '수군의 규모나 전력의 진보·발달을 배경으로 한 일종의 군사연습으로서의 측면'이 있었는지 어떤지는 알 수 없지만, 백제구원군의 후장군으로 아베노 히라후阿倍引田比羅夫가 들어가 있는 점은 주목해야 할 것이다.

다만 아베노 히라후를 동북원정에 파견한 이유는 아리마 왕자 문제를 처리하기 위해서였다. 아베씨가 아리마의 외가이며 유력씨족이었기 때문에 군사력을 가진 아베씨를 야마토에서 멀리 떨어뜨려 놓기 위해서였다는 측면도 무시할 수 없다.

토오야마의 견해는 백제구원군이 성공한다는 것을 전제로 하고 있다. 그러나 이제야 군사 연습을 해야 할 정도로 경험이 거의 없는 야마토 조정군이, 돌궐과 고창국高昌國을 멸망시키고 몽골고원을 평정한 당군과 맞서 싸워 승리한다는 것은 도저히 불가능하다고 생각할 수밖에 없다.

이상 대표적인 세 사람의 의견을 보았다. 기토론은 '신라의 조공'이라는 약간의 실리를 추구했다는 의견이고, 모리론은 전쟁에 대한 정보 부족 때문이었다는 논리이며, 토오야마론은 가상 소중화주의를 전제로 한 의견이다. 그러나 이들은 패전의 가능성을 낮게 보았으며, 당시 일본의 군사력과 당의 군사력의 격차를 등한시한 의견이라고 할 수 있다.

하지만 이와 같은 격차 속에서도 일본은 당과의 전쟁을 결행했다. 세 사람의 의견이 성립하지 않는다면 일본은 도대체 무엇 때문에 참전했는지 새로운 의견을 제시해야 한다. 이에 대해서 필자는 김춘추의 원대한 계획대로 일본이 당과의 전쟁에 휘말렸다는 새로운 원인

설을 제시한 바 있다.

지금까지 동아시아사에서 백강전투를 생각할 때 지나치게 일본 중심으로 생각하고 있었던 것이 문제가 아닐까? 백제 멸망, 부흥운동의 실패 원인을 생각할 때 일본이 주역이 아니라 신라가 주역이었다는 관점에서 생각할 필요가 있다. 신라야말로 가장 고통스런 상황에서 당의 군사력을 이용해 백제를 멸망시키고, 그 후 당의 지배를 벗어나 통일신라를 탄생시킨 가장 큰 승리자이다. 이것을 잊어서는 안 된다.

승리는 우연히 찾아오는 것이 아니다. 승자는 스스로 승리를 얻기 위해 최대한 노력한다. 패자도 노력을 하지만 승자보다 한 걸음 뒤처져서 따라온다. 승자는 패자보다 면밀한 계획을 세우고 그것을 실현하기 위해 노력한다.

따라서 백강전투의 본질을 파악하기 위해서는 신라의 입장에서 일련의 전쟁의 흐름을 살펴보아야 한다.

김춘추의 죽음

661년 6월 김춘추가 서거했다. 시호는 무열왕이었다. 신라는 비통함에 싸였다. 그러나 「신라본기」에 신라가 동요했다는 기사는 없다. 기사도 간결하다.

왕이 서거했다. 시호는 무열이라 했다. 영경사永敬寺 북쪽에 장사지냈다. 호를 태종이라 했다. 당나라 고종은 부고를 듣고 낙양의 성문에서 거애擧哀했다.

'거애'는 죽은 사람을 위해 머리를 풀고 곡을 하며 초상을 알리는 장례의 한 절차이다. 비유적인 표현일 것이고 사교적인 기술이겠지만, 사실이라면 고종은 훌륭한 배우임에 틀림없다. 당 고종에게 무열왕의 존재는 앞으로 옛 백제령을 통치해 나가는 데 방해만 될 뿐이었다. 그 방해자가 백제를 멸망시킨 이듬해에 죽었다는 것은 당의 입장에서 행운이었다. 『구당서』「동이전」 신라조에는 다음의 내용만 있을 뿐 '애거'와 비슷한 기사는 없다.

용삭 원년, 춘추가 사망했다. 그 아들 태부경 법민에게 조를 내려 후사를 잇도록 하고 개부의동삼사開府儀同三司 상주국上柱國 낙랑군왕樂浪郡王 신라왕으로 삼았다.

이상한 것은 「신라본기」의 기사도 지나치게 간결하다는 것이다. 매우 친밀한 관계였던 김유신의 열전에도 김춘추의 사망에 관한 기술이 없다. 억측해 보면 무열왕의 죽음은 얼마 동안 비밀에 붙여지지 않았을까?

현재 경주시의 남서 방향에 있는 서악동에는 무열왕릉이 있다. 왕릉의 앞에는 거북이 모양의 대좌석도 있다. 왕릉은 지름 약 40m의 원분이다. 선도산을 사이에 두고 북측에는 김유신 장군묘가 있다. 마치 두 사람이 경주의 서쪽에 있던 백제로부터의 공격을 막듯이 두 묘는 경주시의 서쪽을 남북으로 가르며 흐르는 형산천에서 좀 더 서쪽에 있다.

무열왕릉의 안내문에는 다음의 글이 적혀 있다.

……능의 규모는 능의 주위가 114m, 높이 8.7m로 비교적 크며, 능의

하단부는 자연석을 쌓아 올렸는데, 중간 중간에 큰 돌을 세워 지지하고 있었지만 현재는 흙 속에 파묻혀 있다. 동쪽에서 비석을 세운 석귀와 정초가 발굴되었고, 무열왕의 차남인 김인문이 쓴 '태종무열왕릉비'가 발견되어 무열왕릉이라는 사실이 명확히 밝혀졌다.

김춘추의 아들 인문의 묘도 무열왕릉의 동쪽에 있으며 도로를 사이에 두고 마주 보고 있다. 인문은 아버지의 비밀 명령을 받고 당에 장기간 체류하며 당의 신뢰를 얻은 인물이다. 측천무후가 백제 출병을 결의하도록 한 것도 인문의 피나는 노력에 따른 결과라고 생각된다. 그의 묘가 무열왕릉 바로 앞에 있다는 것은 두 부자의 애틋한 정을 말해 주는 것이기도 하다.

무열왕릉의 뒤쪽에는 산의 사면을 따라 4기의 원분이 나란히 축조되어 있다. 이 원분들의 피장자는 현재 알 수 없지만, 김인문의 묘가 무열왕릉 근처에 있는 것으로 미루어 보아 이 무덤들은 김춘추 가족의 묘라고 생각된다. 혹은 무열왕의 선조나 자식들 묘일지도 모른다. 김춘추의 원대한 통일 계획은 자식들의 이해와 협력이 있었기 때문에 달성할 수 있었고, 김유신이라는 좋은 짝이 있었기에 가능했다. 사실이야 어쨌든 무열왕릉은 이러한 사람들의 묘에 둘러싸여 있는 것이 어울린다.

김춘추는 신라가 백제 유민들과 공방전을 벌이고 있을 때 사망했다. 보통이라면 큰 동요가 일었을 것이다. 그러나 신라 측에서 동요라 할 수 있는 정황은 보이지 않았다. 이것은 김춘추가 독단으로 정책을 수행하지 않고 아들, 김유신 등과 함께 비밀리에 계획을 세우고 진행시킨 데서 비롯된 성과라 할 수 있다. 그 덕분에 적장자인 법민은 아무런 문제 없이 문무로 즉위했다.

백제 멸망, 부흥군의 결성 등이 일본에 전해진 것은 660년 9월이며, 복신에게 구원군 요청을 받은 것은 같은 해 10월이다. 김춘추가 죽은 해인 661년 7월 24일에는 사이메이도 사망했다. 이로써 신라와 일본에서 세대교체가 이루어졌다. 한편 김춘추의 뒤를 이은 것은 예정대로 법민이었다. 문무왕의 탄생이다.

660년 8월 백제의 잔존 세력이 남잠南岑·정현貞峴 등의 성에 은둔했다. 좌평 정무正武는 두시원악豆尸原嶽에서 거병하여 병사를 모으고 신라인과 당나라인을 습격했다. 9월 23일에는 백제의 잔존 세력이 사비성에 침입하여 잡혀 있던 백제인을 도주시켰다. 나아가 그들은 사비의 남령에 진을 치고 사비의 성읍을 황폐화시켰다. 이에 대해 신라군도 8월 26일 임존任存의 대책大柵을 공격하고, 10월 9일에는 무열왕과 태자 법민이 이례성爾禮城을 공격했으며, 같은 달 30일 사비 남령의 백제군을 공격했다. 그리고 12월 5일 법흥사 잠성岑城을 공격하는 등 적극적으로 대처해 나갔다.

백제구원군의 활동은 661년에도 활발했다. 같은 해 2월 백제구원군이 사비성을 공격해 오자 김춘추는 이찬 품일品日을 대당大幢장군으로 임명하고 구원군을 보냈다. 공방전은 4월까지 계속되었고, 결국 신라군은 패배했다. 게다가 5월 고구려 장군 뇌음신惱音信이 술천성述川城을 공격했으며, 함락이 불가능해지자 목표를 바꿔 북한산성을 공격했다. 성이 함락되기 일보 직전이었으나 극심한 번개와 큰 비 등의 자연재해를 만난 고구려군은 퇴각했다.

그리고 다음 달인 6월 김춘추는 사망했다. 신라는 백제구원군과 고구려군의 집중 공격을 받고 있던 상황이었다. 이런 시기에 김춘추의 사망소식이 백제구원군과 고구려군에게 알려지면 공격이 한층 심해지고 신라 존립에 위기가 닥쳐올 수 있었다.

뜻밖에 당에서 고종의 숙위를 맡고 있던 김인문과 유돈儒敦 등이 661년 6월 귀국했다. 김인문에게 비밀리에 김춘추의 사망을 알렸을지도 모른다. 「신라본기」에 따르면 김인문은 문무왕에게 다음과 같이 보고했다.

황제는 이미 소정방을 파견하여 병사를 이끌고 수륙 35도道를 통해 고구려를 정벌하고자 하고 있습니다. 그리고 왕께서는 병사를 소집하여 이에 호응하도록 명령했습니다. 복상중服喪中이라고 해도 황제의 칙명을 거역하기는 어렵습니다.

이 말이 사실이라면 당 고종에게도 김춘추의 사망 소식이 전해진 셈이다. 당에는 숨길 수도 숨길 필요도 없었기 때문에, 사실을 전했을 것이다.

다만 『자치통감資治通鑑』은 김춘추의 죽음에 대해 "9월 계사 초하루, 신라왕 춘추가 사망했다. 그 아들 법민이 낙랑군왕 신라왕으로 즉위했다."고 하여, 김춘추의 사망이 9월로 기록되어 있다. 당에 있던 인문과 고종에게는 6월에 비밀리에 사실을 전하고, 김춘추의 서거에 대한 정식 보고는 9월에 이루어진 것으로 보인다.

일본에는 김춘추의 사망 소식이 언제 전해졌는지 확실히 알 수 없다. 그러나 적어도 백제구원군이 알게 되었을 즈음에는 일본에도 전해졌을 것이다.

661년에는 또 한 가지 큰 사건이 일어났다. 앞의 김인문의 보고에 따르면 당의 고구려 원정이 시작되었다. 당 왕조 성립 후 네 번째였으며, 고종이 즉위한 후 처음 있는 원정이었다.

『구당서』의 기록을 보면 같은 해 정월, 당은 하남河南·하북河北·회남淮南 67주로부터 4만 4646명을 모집하여 평양으로 진군시켰다. 5월에는 계필하력契苾何力을 요동도대총관遼東道大摠管으로, 소정방을 평양도平壤道대총관으로, 임아상任雅相을 패강도浿江道대총관으로 임명하여 본격적인 고구려 원정에 들어갔다. 「계필하력전」에 따르면, 계필하력은 압록강에서 연개소문의 아들인 남생男生과 접전하여 그를 격파하고 적의 머리를 3만이나 베었다고 한다.

계필하력은 돌궐계의 철륵鐵勒이라 불리던 종족이다. 계필은 부족명이고, 하력이 이름이다. 당 태종 시대부터 토욕혼吐谷渾 공략, 귀자龜玆 공략에 참가하여 큰 공을 세운 인물이다. 고구려 원정에도 종종 참전했으며, 이때 요동도대총관이 되었다. 『일본서기』 천지즉위전기에는 "소정방과 돌궐의 왕자 계필하력 등이 수륙 양로를 통해 고구려의 성 아래까지 공격해 왔다."고 기록되어 있다.

3만이라는 수가 현실적인가는 매우 의문이지만, 그 정도로 큰 전투였음을 시사한다. 그러나 계필하력군의 승리로 고구려 원정이 성공리에 끝난 것은 아니었다. 『구당서』「동이전」 고려조에는 소정방군이 8월에 마읍산馬邑山까지 군을 전진시켜 평양을 포위했다고 하나, 『구당서』 고종본기 용삭 2년 3월조에는 다음의 내용이 보인다.

3월, 소정방은 고구려를 위도葦島에서 깨뜨리고 나아가 평양성으로 진격했지만 함락시키지 못하고 돌아왔다.

파죽지세였는데도 불구하고 왜 승리하지 못한 채 귀국한 것일까? 이유는 명확하지 않다. 『구당서』「동이전」 고려조에 인용된 다음의 기록이 흥미롭다.

(당의) 방효태龐孝泰가 영남嶺南의 병사를 이끌고 사수蛇水(합장강)를 에워 쌌다. 이에 개소문은 방효태군을 공격했다. 방효태는 전군으로 맞서 대항했지만 전투 중에 죽었다. 이 상황을 보고 소정방은 군을 해체하고 돌아왔다.

방효태는 연개소문과 맞서 싸웠지만 결국 고구려군에게 패했다. 연개소문군의 군세를 본 소정방이 불리하다는 것을 깨닫고 퇴각한 것은 아닐까? 고구려군을 3만이나 베었는데도 퇴각한다는 것은 연개소문의 군대가 정말 강했음을 보여준다.

이 사실이 일본에 어떤 식으로 전해졌을까? 2년에 걸친 당의 원정에도 불구하고 고구려는 버텨냈고, 결국 당군을 물리쳤다고 전해진 것은 아닐까? 661년 7월 덴지天智는 나카츠노미야長津宮라고 이름을 바꾼 나노오오츠娜大津의 이와세磐瀨 행궁에 있으면서 수륙 양군을 본격적으로 지휘하기 시작했다. 같은 달 24일 어머니인 사이메이가 죽었기 때문이다.

원래 사이메이가 사망하지 않았더라도 실질적인 지휘 계통은 이미 나카노 오에에게 위임되어 있었을 가능성이 크다. 사이메이의 사망과 함께 덴지가 명실공히 최고권력자가 되었을 뿐이다. 덴지는 지금까지의 정보를 분석하여 당의 최종 목표에 일본이 포함되어 있다면 백제구원군을 지지할 수밖에 없다고 결단을 내렸을 것이다. 그는 이 문제를 어떻게 풀 것인지 해답을 찾을 수 없었다.

이때 신라 무열왕이 사망하고, 당도 고구려의 반격에 부딪혀 패배하고 있다는 정보는 매우 기쁜 소식이었을 것이다. 신라가 약해지면 국지전에서 백제구원군은 우세일 수 있다. 이와 함께 고구려의 위세가 강해지고 앞으로도 당군을 꼼짝하지 못하게 할 수 있다면, 당은 더 이상 한반도에서 버틸 수 없을 것이다. 이때 백제구원군을 돕는 군사를 파견해서 백제를 재건시키는 것은 한반도의 세력 균형과 향후 일본의 발언권 강화를 위해서도 유효하다고 판단했을 것이다.

다시 나카츠노미야에서 가진 가상회의를 들여다보자. 등장 인물은 덴지와 하타노미야츠코 다쿠츠秦造田來津 두 사람이다.

덴지 : 신라는 무열왕의 사망으로 국내에 동요가 일었을 것이다. 백제구원군의 움직임도 활발하다고 들었다. 지금이야말로 구원군을 보낼 기회가 아닌가?

다쿠츠 : 맞습니다.

덴지 : 아즈미노무라지 히라후阿曇比羅夫連와 가와베노오미 모모에河邊百枝臣를 전장군으로 삼고, 후장군으로 아베노오미 히라후阿倍引田比羅夫臣와 모노노베노무라지 구마物部連熊, 거기에 모리노키미 오오이와守君大石를 명하고자 한다.

다쿠츠 : 좋습니다.

덴지 : 너는 사이노무라지 아지마사狹井連檳榔와 함께 백제에 선발대로 가거라. 많은 병사와 무기를 보내려면 준비가 확실히 되어 있어야 한다.

다쿠츠 : 알겠습니다. 그런데 부여풍은 언제 백제로 보낼 예정이십니까?

덴지 : 음, 사실 마음에 걸리는 것이 있어서 말이네.

다쿠츠 : 마음에 걸린다 하심은?

덴지 : 으음……. 풍도 일본에 온 지 벌써 30년이 되었다. 그동안 그에게도 가족이 생기지 않았나.

다쿠츠 : 오오노오미 고모시키多臣蔣敷의 누이동생을 말씀하시는 것입니까?

덴지 : 음. 부여풍은 자신이 귀국한 후 그녀가 어떻게 될지 걱정하고 있다. 다행히 두 사람 사이에 자식은 없다. 그러나 이것은 오히려 그녀가 홀로 남겨진다는 뜻이기도 하지. 이 상황에서 사사로운 정에 휩싸여 누구와 의논해야 할지, 부여풍 자신도 고민하고 있을 것이다.

다쿠츠 : 아, 그렇군요. 그러나 그것은 오히려 간단할 수 있습니다.

덴지 : 그게 무슨 말이냐?

다쿠츠 : 천황께서 두 사람의 중개인이 되셔서 정식으로 혼인을 올려 주시면 어떻겠습니까? 그렇게 되면 부여풍이 일본에 돌아올 수 없더라도 그녀는 백제 왕자의 정처라는 자긍심을 가지고 살아가지 않겠습니까?

덴지 : 그렇군. 오히려 두 사람의 관계를 공식화시키면 그녀의 신분이 명확해진다는 것이군. 그게 좋겠다. 바로 부여풍을 불러 혼인을 거행하도록 하자.

만약 덴지가 이렇게 부여풍의 결혼 이야기를 나누고 있을 정도라면 김춘추의 죽음과 고구려의 저항이 강했던 점 때문에 안심하고 군

| 태종무열왕릉 | 경북 경주시 서악동 소재

| 태종무열왕릉비 | 현재는 비각 안에 받침돌인 귀부와 머리돌인 이수만 남아 있다.

| 경주 서악동 고분군 |

대를 파견했음을 의미한다. 그러나 유감스럽게도 신라는 어떤 동요도 없었고 고구려는 665년에 연개소문이 죽었으며 3년 후인 668년에 결국 멸망했다.

신라는 김춘추가 죽은 지 얼마 되지 않아 당이 고구려 원정을 요청하자 법민(문무왕)은 군사 진용을 갖추고 661년 8월 고구려로 출병했다.

대장군: 김유신

대당장군: 김인문, 진수, 흠돌

귀당총관: 천존, 죽지, 천품

상주총관: 품일, 충상, 의복

하주총관: 진흠, 중신, 자간

남천주총관: 군관, 수세, 고순

수약주총관: 술실, 달관, 문영

하서주총관: 문훈, 진순

서당총관: 진복

낭당총관: 의광

계금대감: 위지

그렇지만 도중에 백제구원군의 군세가 옹산성甕山城에서 반란을 일으켰다는 정보가 들어와 그쪽을 진압하기 위해 급히 방향을 돌렸다. 그리고 9월 27일 수천 명의 적을 죽이고 적군을 항복시켰다.

김춘추 시대에는 거의 김유신 혼자 군사를 담당했다. 거기에는 무리가 따랐지만 김유신이었기에 버텨낼 수 있었다. 그러나 이제 한 사람의 영웅보다는 조직이 중요했다. 조직에는 다수의 유능한 인재가 필요하다.

법민은 아버지인 김춘추의 한쪽 팔로 활약하는 한편, 차세대 조직을 이끌어 갈 인재를 육성했다. 인재양성은 김춘추가 법민에게 적극적으로 요구했을 것이다. 신라는 가까운 장래에 한반도의 동남부에서 통일신라로 성장해야만 했다. 만약 실패한다면 신라는 멸망할 것이고 한반도는 당의 세력에 유린당할 것이었다. 그 때문에 인재는 늘

| 문무왕 | 경주시 남산동 통일전 소재

부족하다고 느꼈을 것이다. 여기서는 군사 관계의 인재만 열거하고 있지만 행정 실무에 능한 이들에 대한 인사도 단행했을 것이다.

문무왕은 김유신을 좋은 의논 상대로 삼고, 젊은 장군과 각료들을 높이 대우해야만 했다. 그리고 백제의 잔존 세력을 소탕하고 그들을 새로운 통일신라의 백성으로 받아들일 준비를 해야 했다. 이것은 백제를 멸망시키는 것보다 한층 더 힘든 과제였다. 「신라본기」는 다음과 같이 전한다.

백제의 달솔 조복助服과 은솔 파가波伽가 많은 사람들과 논의한 후 항복해 왔다. 이에 조복에게 급찬위를 내리고 고타야군古陀耶郡의 태수직을 주었다. 파가에게는 급찬위와 토·지집·의복 등을 하사했다.

게다가 662년에는 이런 일도 있었다.

3월 대사면을 단행했다. 문무왕은 이미 백제를 평정했기에 담당 부서에 명령하여 향연을 베풀도록 했다.

달솔은 백제의 관위 중 제2위이다. 급찬은 신라에서 제9위의 관위이다. 상당한 격차가 있지만 신라의 관위가 제17위까지 있다는 점을 고려하면 항복한 적장이 받은 관위로서는 괜찮은 대우를 해준 것으로 보아야 한다.

문무왕은 백제 관인들을 적극적으로 끌어안는 노선을 견지하고자 했을 것이다. 적대하면 철저하게 응징할 것이고, 항복하면 그에 상응하는 대우가 있음을 보여주고자 한 것이다. 그리하여 이듬해 3월 대사면을 시행하여 패잔병이 신라에 공손해지도록 과거 전투의 죄는 묻지 않기로 했다.

신라의 최종 목표는 한반도에서 당을 몰아내는 것이었다. 이를 위해서는 한반도 통일이 절대명제였다. 백제 왕실과 귀족들을 쓰러뜨린 후에는 옛 백제 백성들을 가능한 빨리 신라의 백성으로 귀속시키고 싶었을 것이다. 그리고 백제 귀족들 가운데 협조적인 인재는 등용하는 쪽이 득이 되었다. 되도록 백제구원군과의 마찰을 피하고 옛 백제 백성들을 온존시키려 했기 때문이다. 그들을 적으로 삼지 않고 미래의 신라 백성으로 만드는 것이 중요했다.

게다가 문무왕에게는 무열왕으로부터 부탁받은 또 하나의 큰 과제가 있었다. 바로 일본을 열도에서 끌어내는 것이었다. 신라는 배후에 적을 두지 않기 위해서라도 일본을 백제 구원에 참가시켜야 했다. 결코 일본을 당의 편으로 두어서는 안 됐다. 그 때문이라도 백제구원군은 일본이 참전할 때까지 버텨 주어야 했다. 백제 부흥을 인정할 수

| 경주 능지탑지(문무왕 화장터 추정) | 경북 경주시 배반동 소재

| 문무왕 해중릉 | 경북 경주시 양북면 봉길리 앞 바다

는 없지만, 그렇다고 부흥군의 사기가 저하된다면 일본은 구원군을 보내지 않을 것이었다. 신라는 매우 미묘할 정도로 백제구원군과 '적당히' 싸워야 했다.

 져서는 안 되지만 결코 쉽게 이겨서도 안 된다. 그러나 신라는 사실 그렇게 조정할 수 있을 정도의 여유가 없었다. 부흥군이 결코 약하지 않았기 때문이다. 오히려 강적이라고 할 수 있었다.

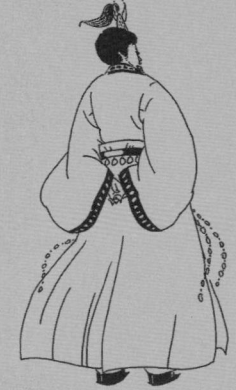

일본, 당의 수군과 백강에서 만나다

금강이 서해로 흘러 들어가는 하구에는 백강이 있다. 강의 북쪽은 서천이고 남쪽은 군산이다.
해안선은 간척 사업이 진행되고 있어 옛 모습을 찾아보기 힘들다.
그러나 바람이 강하게 부는 하구에 서 있으면,
자신과 아무 관계도 없는 나라에 뱃멀미를 참아가며 이곳까지 와서 당의 수군과 싸우다 명을 다한
일본군사들의 울부짖는 소리가 들려오는 듯한 착각에 빠진다.
백강 하구는 당시 약 1만 명의 일본 군사의 피가 흘러 핏빛으로 물들었다고 한다.

백강전투의 기록

　　　　　충청북도에서 시작하는 금강은 충청남도와 전라북도의 경계를 이루고, 백제의 주요 도시인 공주·부여를 관통하여 군산시에서 서해로 흘러 들어간다. 공주~부여 구간은 백마강이라고 부른다. 백마강에는 관광 유람선이 왕래하며 부소산성까지 배로 갈 수 있다. 오가는 도중에는 배 위에서 낙화암 등을 볼 수 있다.

　　낙화암은 백제가 멸망할 때 당군에 쫓겨 달아나던 궁녀 3천 명이 백마강으로 몸을 던진 절벽으로, 부여에서 가장 슬픈 역사를 지닌 곳이다. 고려시대에는 그들의 넋을 기리기 위해 고란사가 건립되었다. 그러나 실제 낙화암에서 궁녀들이 투신했는지에 대해서는 알 수 없다. 3천 명이라는 수는 어디까지나 많은 궁녀들이 있었다는 것을 비유하기 위해 사용한 표현인 듯하다.

| 낙화암 | 충남 부여 부소산 서쪽에 위치

금강이 서해로 흘러 들어가는 하구에는 백강이 있다. 강의 북쪽은 서천이고 남쪽은 군산이다. 해안선은 간척 사업이 진행되고 있어 옛 모습을 찾아보기 힘들다. 그러나 바람이 강하게 부는 하구에 서 있으면, 자신과 아무 관계도 없는 나라에 뱃멀미를 참아가며 이곳까지 와서 당의 수군과 싸우다 명을 다한 일본군사들의 울부짖는 소리가 들려오는 듯한 착각에 빠진다.

백강 하구는 당시 약 1만 명의 일본 군사의 피가 흘러 핏빛으로 물들었다고 한다. 달리 말하면 신라의 계략이 성공했다고 할 수 있다. 신라 입장에서는 선덕여왕 때부터 백강전투까지의 긴 노정을 고려해야 하겠지만, 여기서는 각 기록에 백강전투가 어떻게 묘사되어 있는지 검토하고자 한다.

가장 상징적으로 묘사되어 있는 곳은 『구당서』「열전」유인궤조이다.

갑자기 부여풍이 귀실복신을 살해한 사건이 일어났다. 백제는 고구려와 일본에 사신을 파견해서 구원군을 요청하고 당군에 저항하는 모습을 보였다. 당 고종은 우위위장군右威衛將軍 손인사孫仁師에게 군대를 이끌고 바다를 건너가 당군을 돕도록 했다. 이에 손인사가 유인궤와 합류하니 병사들의 사기가 진작되었다. 여러 장수들이 작전 회의에 참석했다. 어떤 장수가 "가림성加林城은 수륙의 요충지입니다. 가능한 먼저 그곳을 공격합시다."라고 했다. 이에 유인궤가 "가림성은 견고합니다. 함부로 나아가다가는 우리 군이 피해를 입을 것입니다. 견고하게 지키고 있는 곳에서는 지구전으로 대응할 수밖에 없으니, 이곳보다는 우선 주류성周留城을 공격해야 합니다. 주류성은 적의 중심 소굴이자 많은 적들이 집결해 있는 곳입니다. 악을 제거하기 위해서는 그 근원을 뿌리째 뽑아야 합니다. 주류성을 함락시킨다면 여러 성은 스스로 항복해 올 것입니다."라고 말했다.

    손인사와 유인원, 그리고 신라왕 김법민은 육군을 이끌고 진격했다. 유인궤는 별동대를 지휘하고 있었다. 부여융은 수군과 보급품선을 이끌고 웅진강에서 백강으로 가는 도중이었다. 수군은 육군과 합류하여 주류성으로 향할 예정이었다. 유인궤군은 마침 백강으로 들어가려고 할 때 일본군과 마주쳤다. 유인궤는 네 차례 싸워 모두 승리했다. 유인궤가 불태운 배의 수는 400척을 헤아렸다. 화염과 연기가 허공을 가로지르며 치솟아 하늘을 덮을 정도였다. 백강은 적병의 피로 붉게 물들었다. 적군이 대패하여 부여풍은 홀로 전장을 빠져나가 도망쳤다.

    기록에 따르면 백제구원군의 부여풍과 귀실복신 사이에 분쟁이 있었고, 그 결과 부여풍이 복신을 살해했다. 이로 인해 전력이 저하된 백제는 고구려와 왜국에 원병을 요청했다. 이때 나당연합군은 바다와 육지 양면에서 주류성을 공격하는 중이었다. 유인궤군은 우연히 웅진강에서 백강으로 향하던 도중 백강 입구에서 왜국군과 만났다. 그리하여 네 번에 걸쳐 해전이 벌어졌다. 왜국군의 병력은 배 400척이었다.

같은 장면이 『일본서기』에 다음과 같이 기록되어 있다. 덴지 2년 (662) 3월부터 8월에 걸친 일련의 기사이다.

3월 전前장군 카미츠케노노키미 와쿠고上毛野君稚子·하시히토노무라지 오오후타間人連大蓋, 중中장군 고세노칸사키노오미 오사巨勢神前臣譯語·미와노키미 네마로三輪君根麻呂, 후後장군 아베노히케타노오미 히라후阿倍引田臣比邏夫·오오야케노오미 가마츠카大宅臣鎌柄를 파견하여 2만 7000명의 병사를 이끌고 신라를 토벌하도록 했다.

여름 5월 1일 이누카미노키미犬上君(성명미상)가 급히 고구려에서 군사의 일을 논의하고 돌아왔다. 석성石城(충남 석성)에서 규해糺解를 만났는데 이때 규해가 복신의 죄를 말했다.

6월 전장군 카미츠케노노키미 와쿠고 등이 신라의 사비沙鼻(경남 양산)·기노강岐奴江(경남 의령) 두 성을 탈취했다. 백제왕 부여풍은 귀실복신이 모반하려는 마음이 있다고 의심하여 복신의 손바닥을 뚫고 가죽으로 묶었다. 그렇지만 스스로 결정하기 어려워 어찌할 바를 몰랐다. 이에 여러 신하들에게 "복신의 죄는 이미 이러하다. 목을 베야 하는가, 말아야 하는가?" 하고 물었다. 이때 달솔 덕집득德執得이 "그는 나쁜 반역 죄인입니다. 풀어 주어서는 안 됩니다."라고 말했다. 복신이 덕집득에게 침을 뱉으며 "썩어빠진 개 같은 놈"이라고 욕했다. 왕은 건장한 병사들을 시켜 복신의 목을 베게 한 후, 그 머리를 소금에 절이도록 했다.

가을 8월 13일에 신라는 백제왕이 자국의 훌륭한 장군의 목을 베었다는 소식을 듣고 곧장 공격하여 주유州柔를 빼앗고자 했다. 이때 백제는 적의 계략을 알고 여러 장수에게 "지금 듣건대 일본의 구원군 장수인 이오하라노키미오미廬原君臣가 용맹한 병사 1만 명을 이끌고 이제 막 바다를 건너려 하고 있다. 여러 장수들은 사전에 계획을 세워 두기 바란다. 나는 직접 백촌에서 원군을 맞이하여 향응 준비를 하고자 한다."고 했다.

17일, 적군은 주유에 도착하여 성을 포위하여 불태웠다. 당의 병사들은 전선 170척을 이끌고 백강에서 전세를 가다듬었다.

27일, 일본의 수군 중 선발대가 당의 수군과 교전했지만 불리해져서 퇴각했다. 당은 견고하게 진을 치고 지켰다.

28일, 일본의 여러 장수와 백제왕은 상황을 잘 관찰하지 않고 서로 "우리들이 선제공격을 하면 적은 퇴각할 것이다."라고 의견을 제시했다. 게다가 일본은 대열을 갖추지 못한 병사를 이끌고 당의 견고한 진영으로 돌진했다. 당은 곧 좌우에서 일본군의 배를 협공하여 불태웠다. 눈 깜짝할 사이에 일본군은 대패했다. 바다로 뛰어들어 익사한 자도 많았다. 일본의 군선은 방향을 바꾸는 것조차 할 수 없었다. 에치노 다쿠츠朴市田來津는 하늘을 우러러 맹서의 말을 한 후 절치부심하며 수십 명의 적을 죽이고 결국 전사했다. 이때 백제왕 부여풍은 수명의 종자와 함께 배를 타고 고구려로 도망갔다.

『일본서기』의 기술도 줄거리는 같다. 백제구원군 내부에서 다툼이 있어 귀실복신이 제거되었고 고구려에도 사신을 보냈으며, 일본군과 당군이 백강에서 전투를 벌였다는 내용이다. 다만 이상한 점은 일본측 사료에는 일본 수군의 규모가 기록되어 있지 않고 당의 수군이 170척이었다는 것만 나온다. 이것은 앞서 『구당서』의 기록을 살펴보았듯이 중국 측 사료에서 당 수군의 규모에 대한 기술은 없고, 대전 상대인 왜국군의 규모만 기록되어 있는 점과 비슷하다.

그것은 양 사료 모두 상대 전선단의 규모가 컸고 자국군은 전력을 다해 싸웠다는 것을 강조하고 싶었기 때문일 것이다. 나라시대 당나라에 가는 사신단이 탄 배 한 척에 수백 명이 탔다는 것을 참고로 양쪽 사료에 기록된 전선의 수를 그대로 믿는다면, 일본군은 400척에 약 4만 명에서 5만 명이 나누어 타고 해전에 참가한 것으로 계산된다. 당군은 170척이므로 1만 7000명에서 2만 1000명이 된다. 그러나 이렇게 계산하면 양쪽 모두 병력이 지나치게 많다.

『일본서기』 덴지 2년 3월조 기사에는 일본군의 전체 규모가 2만 7000명으로 기록되어 있다. 이것을 육군과 해군으로 나누면 1만 3000~4000명이라는 계산이 나온다. 한편 같은 해 8월 갑오조에는 '대일본국지구장려원군신솔건아만여大日本國之救將廬原君臣率健兒萬餘'라는 기록이 보이는데, 스루가국駿河國의 호족 이오하라노키미오미廬原君臣가 건장한 병사 1만여 명을 이끌고 백강으로 갔다고 한다. 이오하라노키미오미의 부대와 당의 수군이 뜻밖에 백강에서 만나 해전을 치렀다고 한다면 일본군의 전력은 1만여 명이 되고, 배 한 척당 25명이 탔다고 볼 수 있다. 만약 주선이 몇 척 있고, 그 주선을 따르던 소형 전선이 400여 척이 있었다고 한다면 일본의 전선과 당의 전선을 같은 규모로 생각할 수 없다. 일본의 소형선 400척에 대해서 당나라 배 척이라면 당선의 규모는 일본선보다 매우 컸다고 추측된다.

다만 이것도 어디까지나 추측에 불과하다. 『일본서기』에 일본선의 규모가 명기되어 있는 곳은 덴지 원년(662) 5월조이다.

대장군 대금중大錦中 아즈미노무라지 히라후 등이 군선 170척을 이끌고 부여풍을 백제로 송환했다.

이것은 부여풍을 백제로 보낼 때의 기사로, 백제를 구하기 위해 파견된 일본의 전체 수군에 대한 기술은 아니다. 그러나 수군의 실제 수가 기록되어 있는 것이 이곳뿐이라는 점에 주목하면 170척이라는 수를 무시할 수 없다. 그리고 우연일지 몰라도 170척이라는 수는 백강에 결집한 당선의 수와 일치한다. 『일본서기』 편찬 당시 170척이라는 수만 전해지자, 편찬자는 당과 일본의 수군 규모 기록 양쪽 모두에 이용했을지도 모른다. 이렇게 생각하면 170척이나 400척이라는 수를 믿고 당나라와 일본의 해전을 그려보는 것은 쓸데없는 일일 것이다.

어쨌든 양군의 수백 척이 백강에서 만나 전투를 계속했다면 바닷물이 모두 붉게 물들었을 것이다. 백제나 신라의 사료는 백강전투를 어떻게 기술하고 있을까? 우선 「백제본기」 용삭 2년조는 다음과 같이 기록하고 있다.

손인사와 유인궤 그리고 신라왕 김법민은 육군을 이끌고 진군했다. 유인궤와 별장인 두상杜爽·부여융은 수군과 군량선을 인솔하여 웅진강에서 백강으로 나아가 육군과 합류한 뒤 함께 주류성으로 진군했다. 일본군과 백강 어귀에서 만나 네 차례에 걸쳐 싸웠는데 모두 승리했다. 불태운 일본의 배가 400척에 이르렀고 그 연기는 하늘을 까맣게 덮었다. 바닷물은 붉게 물들고, 백제왕 부여풍은 어디론가 도망갔다. 혹은 고구려로 갔다고 한다.

「백제본기」의 이 부분은 『구당서』를 참고해 작성했기 때문에 새로운 기록은 보이지 않는다. 여기서 부여융이라는 인물은 의자왕의 아들인 융을 가리킨다. 당은 백제구원군이 일본에서 왕자 부여풍을 맞이하여 왕으로 추대한 것에 대항하기 위해 융을 원정군의 장군으로 참전시켰다. 백제 유민들을 정신적으로 혼란하게 만들고자 했던 것이다. 백제구원군에 가담한 옛 백제 유민들도 왕자였던 융을 공격하는 것이 부담감으로 작용했을 것이다.

또한 융은 백강전투 후 당 고종에 의해 웅진도독으로 임명되었다. 융을 옛 백제의 주요 지역의 도독으로 임명함으로써 옛 백제 백성들이 융을 따르고 신라 세력으로 포섭되는 것을 막고자 했던 것이다.

인덕 2년(665) 부여융은 웅진성에서 신라의 문무왕과 맹서를 행했다. 그렇지만 유인궤가 당에 귀국할 때 융도 동행하여 장안으로 돌아갔다. 융 자신이 보더라도 신라의 지배는 상당히 진행되었으므로 혼자 고국에 남기에는 불안했던 것이다.

다시 백강 전투 시기로 돌아가 「신라본기」 문무왕 3년 5월조를 보면 다음의 내용이 있다.

백제의 옛 장군 복신과 승려 도침道琛이 옛 왕자 부여풍을 맞이하여 왕으로 추대했다. 그들은 유진랑장留鎭郎將 유인원을 웅진성에서 포위하여 공격했다. 당의 황제는 유인궤에게 조를 내려 검교대방주자사檢校帶方州刺史로 삼아 전前도독都督 왕문도王文度의 병사와 새로운 신라 병사를 통솔하여 백제의 군영으로 진군하도록 했다. 유인궤는 각지를 돌며 분전하여 상대의 진영을 함락시키고 가는 곳마다 적을 무찔렀다.

복신 등은 유인원의 포위를 풀고 임존성으로 퇴각하여 그 성에서 지키고자 했다. 얼마 후 복신은 도침을 살해하고 도침의 병사를 합병했다. 복신이 도망간 병사들을 소환하니 그 세력이 매우 커졌다.

유인궤는 유인원의 군사와 합세하여 일단 갑옷과 투구를 벗고 병사를 쉬도록 하면서 증원군을 기다렸다. 고종은 조를 내려 우위위장군右威衛將軍 손인사에게 40만 명의 병사를 주어 파견했다. 손인사군은 덕물도德物島에 이르러 거기서 웅진부성熊津府城으로 나아갔다.

문무왕은 김유신 등 28명의 장군(30명이라고도 한다)을 거느리고 인사

| 유인원 기공비 | 충남 부여 동남리 소재

의 군대와 합류하여 두릉豆陵(어떤 책에는 양良이라고도 한다)윤성尹城과 주류성 등 여러 성을 공격하여 모두 항복을 받았다.

부여풍은 도망가고 왕자 충승忠勝·충지忠志 등은 그 무리를 이끌고 와서 항복했다. 다만 한 사람 지수신遲受信만 임존성을 지키며 항복하지 않았다.

문무왕이 김유신을 비롯한 장군 28명과 함께 웅진성에서 당의 손인사군과 합류하여 '두릉윤성·주류성 등 여러 성'을 공략했다는 것만 기록되어 있고, 백강전투에 대해서는 한 줄도 기록되어 있지 않다. 앞서 「백제본기」의 백강전투 사료에서도 백강전투를 한 것은 당의 유인궤군과 일본군으로 되어 있고, 신라군의 참가 기록은 없다. 「신라본기」 기사에서는 반대로 일본군이 육상전에는 등장하지 않고 있다. 나당연합군과 백제구원군의 싸움뿐이다.

　육상전 = 나당연합군과 백제구원군
　해상전 = 당군(유인궤군)과 일본군(이오하라노키미오미군)

정리해 보면 일본군은 당만 상대하고 신라와는 전투를 하지 않은 것이 된다. 3월에 파견된 전前장군 카미츠케노노키미 와쿠고上毛野君稚子・하시히토노무라지 오오후타, 중中장군 코세노칸사키노오미 오사・미와노키미 네마로, 후後장군 아베노히케타노오미 히라후・오오야케노오미 카마츠카의 2만 7000명 군사는 어디로 가버린 것일까? 여기에 대해서는 『일본서기』에도 더 이상의 기록이 보이지 않는다. 이상하다. 도대체 그 정도의 군세를 덴지 조정이 무슨 명목으로 징병하여 파견할 수 있었을까 하는 의문도 생긴다.

만약 2만 7000명의 일본군이 다른 곳에서 신라군과 전투를 벌였다면 그 기록은 「신라본기」나 『일본서기』에 기록되어 있을 것이다. 그렇지만 두 책 모두 기록이 전혀 없다. 단순히 생각해 보면 일본군은 백강전투에서 싸운 1만 명이 전부였다고 봐야 한다.

| 공산성(백제 웅진성) | 충남 공주 산성동 소재

　주목할 점은 부여풍이 단신으로 탈출했다는 기록이 4개의 사료에 공통으로 보이는 점이다. 부여풍은 백제구원군의 상징으로, 그의 신병의 구속 여부에 따라 승패가 좌우되었기 때문에 모든 사료에 기록되었을 것이다.

　부여풍은 아마 백강 해전에는 참가하지 않고 주류성에서 싸운 뒤 거기에서 탈출한 듯하다. 만약 이것이 사실이라면 백강에서 싸운 것은 당군과 우연히 맞닥뜨린 '이오하라노키미오미가 이끈 1만여 병사'였을 가능성이 높아진다.

　중요한 것은 백강 해전을 당은 어떻게 받아들이고 있었냐는 점이다. 백강에서의 패배는 일본에게는 충격이었고, 덴지는 그 대책으로

| 부여융의 가묘 | 부여 능산리 고분군 내

오오미近江로 천도를 단행했기 때문이다.

그러나 『구당서』 「본기」 고종(상)에 백강 해전에 관한 기사는 없다. 용삭 3년(663) 8월조를 인용해 보면 다음과 같다.

가을 8월 계묘일에 혜성이 좌섭제左攝提에 나타났다. 술신일에 백료에게 조를 내려 극언정간極言正諫하도록 했다. 사원司元 태상백太常伯 두덕현竇德玄, 사형司刑 태상백太常伯 유상도劉祥道 등 9명을 지절대사持節大師로 임명하고, 천하에 분행分行하도록 했다. 이에 내외관 5품 이상에게 각각 아는 것을 보고하도록 했다.

이렇게 혜성의 별점과 극언정간의 장려 기사만 나온다.

당은 고구려 정벌이나 백제의 멸망에 관해「본기」에 기재할 정도로 관심을 보였다. 그러나 왜국에 대한 기사는 없다. 현경 5년 웅진도대총관이었던 소정방의 열전에도 백강 해전 기록은 없다. 직접 일본 수군과 싸운 감통수군監統水軍 유인궤의 열전에만 기록되어 있다.

정확히 판단할 순 없지만, 당은 일본의 백제전 참전을 예상하지 못했던 것은 아닐까? 한반도 문제 중 당에게 가장 중요한 것은 고구려 문제였다.

당 고종이 백제전을 시작한 이유는 두 가지이다. 첫째는 백제가 신라와의 전투 때문에 고구려와 동맹 관계를 맺고 있었다는 점이다. 『구당서』「동이전」백제조의 내용은 다음과 같다.

16년, 의자왕이 병사를 일으켜 신라의 40여 성을 공격했다. 그리고 병사들에게 그 성을 지키도록 했다. 백제는 고구려와 화친 통교했다. 이에 모의하여 당항성黨項城을 공취하여 신라가 당에 입조하는 교통로를 차단하고자 했다. 신라는 사신을 보내 급히 알리며 구원을 요청했다. 태종은 사농승司農丞 상리현相里玄을 파견하여 재서齎書를 권장하며 양국을 타일렀다. 그다음에 득실을 잘 따져 행동하기를 지시하며 태종이 고구려를 친정할 것이라는 것을 알렸다. 백제는 두 마음을 품고 허언을 일삼아 신라의 10성을 습격했다. 22년, 신라의 10여 성을 격파하고 최근 수년 간

조공하지 않았다.

   백제 의자왕은 고구려와 화친통교하여 북으로부터의 위협을 없애고, 모든 군사력을 가야 지방 침략에 집중시켜 신라의 40여 성을 빼앗았다.
   당의 정관 16년(642)은 고구려의 막리지 연개소문이 영류왕을 살해하고 보장왕을 추대한 해이다. 당 태종의 입장에서 연개소문의 이러한 무도한 거동은 당 제국의 질서를 깨뜨리는 것이었다. 그런 고구려와 백제가 동맹을 맺었다는 것은 직접적이지는 않지만 백제도 당의 질서에서 격리된 존재로 간주되었음을 의미한다.
   둘째는 신라가 당에 순종적인 자세를 계속해서 보였기 때문이다. 한반도 삼국 가운데 오직 신라만 당에게 순종적이라면 중국 황제의 입장에서 신라의 파병 요구를 언제까지나 무시할 수는 없는 노릇이었다. 신라도 그것을 기대했다고 할 수 있다. 여기에다 측천무후의 정치 개입이 더해졌다. 당에 머무르던 김인문도 고종·측천무후 두 사람을 움직였다. 순조롭게 끝나지 않은 고구려 원정을 뒤로 하고 먼저 백제를 정벌한다면 신라는 은혜를 입어 고구려전에도 적극적인 움직임을 보일 것이라는 내용이었을 것이다.
   당의 공격 목표가 오로지 고구려였을 때의 한반도 사정은 일본에게 강 건너 불구경 같은 것이었다. 그러나 당이 백제를 공격하고 그 다음 목표로 고구려, 최종적으로 신라도 당의 지배하에 둔다면, 결국

들여다보기

『구당서』「본기」에 실린 한반도 정세

현경 5년	8월 경진, 소정방 등이 백제군 정벌, 그 왕인 부여 의자를 면박했다. 나라를 5부, 37군, 200성, 76만 호로 편제했다. 그 땅에 웅진 등의 5도독부를 분치했다.
현경 5년	11월 무술 초하루, 형국공邢國公 소정방이 백제왕 부여 의자와 태자 융 등 58명의 포로를 측천문 앞까지 끌고 가서 책임을 묻고 용서했다.
용삭 원년	여름 5월 병신, 좌효위대장군 양국공涼國公 계필하력을 요동도대총관으로 삼고 좌무위대장군 형국공 소정방을 평양도대총관으로 삼았다. 병부상서에서 동중서문하삼품의 낙안현공樂安縣公 임아상任雅相을 패강도대총관으로 삼아 고구려를 정벌하도록 했다.
용삭 원년	신라왕 김춘추가 사망했다. 그 아들 법민이 즉위했다.
용삭 2년	3월 갑신, 동도東都에서 경京으로 돌아왔다. 계축, 행동주 소정방이 고구려를 위도葦島에서 물리쳤다. 또한 평양성으로 진격했지만 승리하지 못하고 귀환했다.
인덕 2년	겨울 10월 (중략) 계해, 고려왕 고장高藏이 그 아들 복남福男을 보내 내조하도록 했다.

일본까지 공격해 올 가능성을 배제할 수 없었다.

무열왕의 노력은 드디어 결실을 맺어, 당 고종은 드디어 무거운 몸을 움직여 무열왕 7년 3월 소정방을 신구도행군 대총관, 김인문을 부대총관으로 임명하여 수륙 13만 군사를 이끌고 백제 정벌을 감행했다. 무열왕의 차남 김인문이 백제정벌군 부대총관으로 임명됨으로써 무열왕은 기나긴 대당외교의 결실을 본 셈이다.

백강전투의 여파

　　　　　백강이라는 이국의 바다에서 죽은 일본 병사의 수는 알 수 없지만, 한반도에서 살아남은 후 당에 끌려가 살게 된 일본인도 있었다. 안전하게 항해할 수 있는 배조차 없었던 시대에 살아남은 일본 병사들의 망향의 마음은 매우 깊었을 것이다. 고대 한국어나 중국어를 익히며 그 땅에서 삶을 영위한 사람들도 있었을 테지만, 대부분은 이해할 수 없는 언어에 괴로워하며 어떻게든 일본으로 살아 돌아가고자 노력했을 것이다.

　『일본서기』에는 천신만고 끝에 일본으로 돌아온 사람들의 이야기가 적게나마 남아 있다. 덴지 10년(671) 11월 10일 기사에 따르면 쓰시마에서 츠쿠시筑紫의 다자이후大宰府로 사자가 파견되었다. 그 사자는 사문 도쿠道久·츠쿠시노키미 사츠야마筑紫君薩野馬·카라시마노스

구리 사바韓島勝娑婆・누노시노오비토 이와布師首磐 등 4명이 당에서 귀국했다고 했다. 그들은 당의 곽무종郭務悰 사신단이 내조한다는 사실을 사전에 알리기 위해 온 사람들이었다.

이들 가운데 츠쿠시노키미 사츠야마는 백제 구원전쟁 때 당군의 포로가 된 인물이다. 그는 지토持統 4년(690) 10월 22일 오오토모베노 하카마大伴部博麻가 포상을 받는 기사에 등장한다.

을축(22일)에 군정軍丁 츠쿠시국筑後國 가미츠야메노코오리上陽咩郡 사람인 오오토모베노 하카마大伴部博麻에게 다음과 같은 조를 내렸다.

너는 사이메이 천황 7년(661)에 백제 구원전쟁에 참가하여 당군의 포로가 되었다. 덴지 천황 3년(664)이 되어 하지노무라지 호도土師連富杼・히노무라지 오유氷連老・츠쿠시노키미 사츠야마筑紫君薩夜麻・유게노무라지 간호弓削連元寶의 자식 4명이 당의 계획을 어떻게든 알리고자 했다. 그렇지만 그들은 의복이나 식량이 없었고, 소식을 전할 길조차 없었다. 그들이 이것을 한탄하고 있을 때 너는 하지노무라지 호도에게 "나도 당신들과 함께 일본에 돌아가고 싶지만 의복도 식량도 없는 상태입니다. 함께 할 수 있는 상황이 아닙니다. 가능하다면 저의 몸을 팔아 의복과 식량을 마련하도록 하십시오."라고 제안했다. 호도 등은 너의 제안을 받아들여 일본에 돌아올 수 있었다.

너는 혼자 이국에 남아 30년의 세월을 보냈다. 네가 일본 조정을 존경하고 나라를 사랑하는 마음이 있어 스스로 몸을 팔아 충절을 보여 주

| 다치바나노히로니와노미야 | 후쿠오카 현 아사쿠라 시 스가와 소재. 사이메이가 백제 구원을 위해 머물렀던 궁전 유적

| 오노(大野)성 | 후쿠오카 현 오노조시 우미마치 소재. 백제 망명인들이 나당군의 침입에 대비해 쌓았다고 전한다.

었으니 나는 기쁘기 그지없다. 이에 무대사務大肆의 위와 아울러 깁絁 5필 匹·면綿 10둔屯·포布 30단端·벼稻 1천 속束·수전水田 4정町을 내린다. 수전은 증손까지 물려줄 수 있다. 게다가 3족의 조세를 면제하여 너의 공적을 치하하는 바이다.

츠쿠시노키미 사츠야마가 전투에 참가했는지는 알 수 없다. 오히려 실전 부대에 속해 있던 하카마와 비교하면 츠쿠시노키미 사츠야마 등은 견당사로 당에 파견되어 거기서 억류된 듯한 분위기이다.

사츠야마는 츠쿠시노키미라는 씨족의 일원이다. 츠쿠시노키미라면 케이타이繼體조의 츠쿠시노키미 이와이磐井가 유명하다. 이와이는 『일본서기』에서 게이타이 천황의 신라 정토 계획에 반대해서 모노노베노 아라카비物部麁鹿火에게 토벌된 인물로 묘사되어 있다. 지금도 후쿠오카 현 야메八女 시에 있는 이와토야마岩戸山 고분이 이와이의 묘로 전해지고 있다. 이와이의 자식인 쿠즈코葛子는 카스야糟屋의 미야케屯倉를 헌상하여 죄를 덜고, 그 자손은 츠쿠시노키미로 번영했다. 사츠야마도 이러한 북큐슈 대호족의 일원이다.

그가 어떠한 사정으로 당군의 포로가 되었는지는 명확하지 않다. 사적인 무역에 따른 마찰 때문에 붙잡혔을 가능성도 있다. 하지만 지토조에 조정으로 귀환했고, 재지호족보다는 중앙씨족 이미지가 강한 걸 보면 견당사의 일원이었을 수도 있다.

한편 오오토모베노 하카마는 사이메이 7년에 출병한 것으로 미루어, 사이메이 7년 9월 부여풍을 백제에 돌려보낼 때 같이 보낸 군사 5천여 명 가운데 한 사람으로 보인다. 오오토모베大伴部는 원래 오오토모大伴씨의 사유민私有民이다. 오오토모씨는 군사 씨족이기 때문에 오오토모베도 군사로 종사했을 가능성이 크다. 하카마도 그런 사람 가운데 하나였을 것이다.

다만 하카마는 츠쿠시국 카미츠야메노코오리上陽咩郡(현재 후쿠오카 현 야메시와 야메군 및 츠쿠고시 북쪽 지역)의 군정軍丁으로 있었기 때문에 재지 병사였음을 알 수 있다. 사츠야마가 비록 재지호족의 성격을 벗어났다고 하더라도 그 지역의 병사였던 하카마에게 사츠야마는 지배계층이었다. 『일본서기』 기술과 다르게 하카마는 사츠야마 등에 의해 강제로 팔렸을지도 모른다.

사이메이 7년 출병 때 하카마의 장수는 사이노무라지 아지마사狹井連檳榔와 하타노미야츠코 타쿠츠秦造田來津 두 사람이었다. 만약 하카마가 부여풍의 호위군으로 백제로 갔다면 백강전투에는 참가하지 않았을 가능성이 높다. 그러나 하타노미야츠코 타쿠츠의 휘하에 있었다면 백강 격전지에서 전투를 치렀을 가능성이 높다.

타쿠츠의 최후는 『일본서기』에 자세히 묘사되어 있다. 덴지 2년(662) 8월 28일조이다.

순식간에 관군은 대패했다. 아군은 물에 빠져 익사하는 자가 많았다. 관선은 축로舳艫(배의 고물과 이물-역자 주)를 잇지도 못했다. 에치노 타쿠츠朴市田來津는 하늘을 우러러 맹세하고 절치부심하며 적 수십 명을 죽이고 드디어 전사했다. 이때 백제왕 부여풍은 몇 사람과 배를 타고 고구려로 도망가 버렸다.

타쿠츠의 웅장한 모습을 하카마는 바로 옆에서 직접 목격했을지도 모른다. 그러나 비록 타쿠츠의 모습을 보고 있었다 해도 하카마의 눈에 그다지 들어오지 않았을 수도 있다. 전투는 '눈 깜짝할 사이'에 끝나 버렸기 때문에 자신에게 쏟아지는 불티를 피하기에 급급했을 것이다.

하카마는 자기 자신이 어떻게 살았는지 기억조차 못했을지도 모른다. 정신을 차렸을 때에는 당군의 포로가 되어 장안으로 끌려가고 있었을 것이다.

장안에서 풀려나자마자 츠쿠시노키미 사츠야마 등을 만난 그는 '반드시 데리러 오겠다'는 말을 믿고 자신의 몸을 팔아 그들의 여비를 마련해 주었다. 그렇지만 사츠야마 등은 약속을 지키지 않았다. 하카마는 간신히 노예 신분에서 천신만고 끝에 벗어나 스스로 여비를 마련하여 귀국했다. 그는 오로지 망향의 한으로 30년이란 기나긴 세월을 버텼을 것이다.

사이메이 7년 백제구원군 편성이라는 야마토 조정의 결정이 츠쿠시국에 있던 한 남자의 일생을 망쳐 버린 것이다. 하카마가 장안에서 어떤 고난을 겪으며 어떤 생각을 했는지 알 수 없다. 그러나 평범하기보다는 우울한 날들을 보냈을 것이라는 것은 쉽게 상상할 수 있다.

당군에 잡힌 또 한 인물이 있다. 츠쿠시노미야케노무라지 토쿠코筑紫三宅連得許이다. 그는 덴무天武 13년(684) 12월 6일조에 등장한다.

계미癸未에 대당에 유학한 학생인 하지노스쿠네 오이土師宿禰甥 · 시라이노후히토 호우넨白猪史寶然과 백제구원 때 대당에 갇혀 있던 이츠카이노무라지 코비토猪使連子首 · 츠쿠시노미야케노무라지 토쿠코가 신라를 경유해 귀국했다. 신라는 대나말大奈末 김물유金物儒를 보내 오이甥 등을 츠쿠시까지 호송했다.

츠쿠시노미야케노무라지 토쿠코의 경우도 당 유학생인 하지노스쿠네 오이 · 시라이노후히토 호우넨이 귀국할 때 편승하는 형태로 귀국하고 있다.

츠쿠시노미야케노무라지 토쿠코는 이츠카이노무라지 코비토와 동행하는 것으로 봐서 두 사람은 백제구원군을 구원하는 파견군에 함께 속해 있었던 것 같다. 이츠카이노무라지는 이외에 다른 곳에서는 보이지 않기 때문에 자세한 것은 알 수 없다. 그러나 씨명을 통해 돼지를 키우는 일을 담당하던 씨족이었을 것으로 생각된다. 돼지는 사슴과 함께 고대인들의 대표적인 식용 동물이다. 이츠카이노무라지는 가축용 돼지를 기르던 씨족일지도 모른다. 그렇지만 그가 어디에서 징발되었는지는 전혀 알 수 없다.

미야케노무라지 토쿠코는 '츠쿠시筑紫'라고 밝히고 있기 때문에 츠쿠시국에서 징발된 병사인 듯하다. 『화명류취초和名類聚抄』에는 츠쿠젠국筑前國 나카군那珂郡에 '미야케고三宅鄕'(현 후쿠오카시 미야케)란 지명이 보인다. 혹 여기 출신인지 모르겠다. 같은 츠쿠시국에서 징발된 병사라면 미야케노무라지 토쿠코도 오오토모베 하카마大伴部博麻와 마찬가지로 사이메이 7년에 징발되었을 것이다.

사이메이 7년에는 백제구원군의 거점을 아사쿠라朝倉 다치바나노히로니와노미야橘廣庭宮에 두었다. 이 궁지宮地는 현재 후쿠오카 현 아사쿠라 시 스가와須川 지역이다. 아사쿠라 시의 서쪽은 야메 시이고, 북쪽으로는 후쿠오카 시가 접하고 있다. 토쿠코나 하카마의 거주지와 삼각형의 한 꼭짓점을 이루는 위치에 있다. 다만 여기는 후일의 다자이후大宰府에서 남쪽에 있으며, 한반도 출병을 하기에는 불편한 곳이다. 나카노 오에가 천황에 오른 나노오오츠娜大津의 나카츠노미야長津宮 쪽이 현실적으로 기지에 적합하다.

어쨌든 하카마나 토쿠코의 존재를 감안한다면 백제구원군 병사들은 츠쿠시 지역에서 징용되었을 것이다. 비록 두 사례만 가지고 일반화하는 것은 위험하지만, 율령제 정비 이전임을 생각하면 북큐슈 주변에서 병사를 모으는 일이 현실적이었을 것으로 여겨진다. 백강에서 싸운 병사 가운데 어느 정도의 병사들은 이곳 츠쿠시국이나 그 주변국에서 징발되었을 가능성이 높다. 바로 이로 인해 그들의 운명은 어긋났을 것이다.

토쿠코의 귀국은 전쟁이 있은 지 21년 후에나 이루어졌다. 하카마의 30년이란 세월에는 비교되지 않지만 결코 짧은 시간이 아니다. 징발될 당시의 사이메이는 이미 죽었고, 덴지를 지나 분무文武 시대가 되어 있었다. 마치 우라시마타로浦島太郎(우라시마타로라는 사람이 거북을 타고 용궁에 갔다가 고향으로 돌아왔지만, 세월이 흘러 있어 아는 사람이 한 명도 없었고 자신도 순식간에 늙어 버렸다는 이야기 – 역자 주)의 귀환 같았을 것이다.

그들과 같이 무사히 귀국했던 사람들의 기록이 『일본영이기日本靈異記』 상권 제7화와 제17화에 보인다. 제7화는 비고국備後國 미타니군 三谷郡(현재 히로시마 현 후타미 군과 미요시 시의 남쪽 지역) 대령大領의 선조가, 제17화에서는 이요국伊予國 오치군越知郡(현재 에히메 현 오치 군) 대령의 선조인 오치노아타이越智直가 주인공이다.

미타니군 대령의 선조의 경우는 "만약 무사히 귀환할 수 있게 된다면 여러 곳의 신들을 위해 가람伽藍을 만들어 올리겠습니다."라고 청원하고 떠났다. 무사귀국한 후에는 백제의 승려 홍제弘濟에게 부탁해 삼곡사三谷寺를 건립했다. 이 이야기대로라면 그는 백제 땅에서 전투에 참가한 뒤 그대로 귀국했다고 볼 수 있다. 백제 승려 홍제라는 인물을 고려하면 아마도 망명백제인과 함께 귀국한 듯하다.

오치노아타이의 경우는 패배하여 당에 포로로 끌려갔다고 하므로 백강전투에서 포로가 되었을 것이다. 이때 8명이 함께 '섬洲'에 유폐되었으나 소나무 아래서 배를 만들어 그 '섬'에서 탈출했다고 한다.

그렇다면 이들은 장안까지 끌려가지 않고 해안 부근의 무인도에 유폐되었을 것으로 추정된다. 그 배가 서풍을 타고 일직선상에 있는 츠쿠시에 도착했다는 것을 보면 혹 동중국해의 외딴 섬에 유폐되었을지도 모른다.

양자의 공통점은 비젠국備前國·이요국伊子國이라는 세토내해瀨戸内海 접경지역 사람들이라는 점, 자손이 그 군郡의 대령을 역임하고 있는 집안 출신이라는 점이다.

이를 통해 보면, 사이메이·나카노 오에는 츠쿠시로 가는 도중에 세토우치 호족들을 소집하여 군을 편성했을 가능성도 있다.

그러나 이러한 귀국 전승은 그다지 많지 않다. 대부분의 사람들은 백강에서 사망했고, 당군의 포로가 된 사람들 중 대부분은 당에서 그 생을 마감했다. 당연히 한반도에 잔류한 일본 병사도 있었다. 일본과 한반도는 멀지 않다. 그러나 패잔병의 몸으로, 더구나 혼자 힘으로 고국으로 돌아오는 것은 어려웠을 것이다. 결국 이국의 땅에 남은 일본 병사들의 후손은 지금까지도 중국인, 한국인으로 살아가고 있을 것이다.

에필로그

동아시아 혼란 중의 선택기로

7세기는 동아시아 전역에서 혼란에 종지부를 찍으려는 기운이 높았다.

중국에서는 당이 건국되었으며 동아시아를 통일하려는 움직임이 나타났다. 일본에서도 을사의 변이 일어나 코토쿠에 의한 정책 전환이 시도되었다. 고구려에서는 막리지 연개소문이 전제국가를 지향했다. 백제의 의자왕도 한반도 남부의 통일을 꿈꿨다. 이러한 분위기 속에서 신라가 살아남아 한반도를 통일할 수 있는 기회를 노리는 김춘추라는 인물이 등장했다.

김춘추는 우선 다른 나라들의 상황을 직접 둘러보았다. 그리고 국내 체제를 정비하며 원대한 계획을 세웠다.

- 당의 고구려 원정을 이용한다.
- 백제와 고구려가 동맹을 맺은 이상, 당의 군사력을 이용하여 백제·고구려를 차례로 무너뜨리는 방법밖에 없다.
- 이때 후방의 위협을 없애기 위해 일본을 당과의 전쟁에 끌어들여야 한다.
- 그러려면 동아시아 정세를 일본의 수뇌부에 알리고, 당과의 전쟁이 반드시 필요하다는 것을 인식시켜야 한다.
- 일본에 가 있는 백제 왕자 부여풍을 이용한다.
- 당은 간접 지배 방식을 취하겠지만 백제 유민·고구려 유민의 저항을 이용하여 서서히 당의 군대를 괴멸시킨다.
- 신라는 당에게 공손함으로 위장하면서 저항력을 키워간다.

  당이 신라 지배까지 상정하고 있었다는 것은 선덕여왕 12년 9월 태종의 '아견일종지我遣一宗支, 이위이국주以爲爾國主, 이자불가독왕而自不可獨王, 당견병영호當遣兵營護, 대이국안待爾國安', 즉 '내가 나의 친족 한 사람을 보내어 그대 나라의 임금으로 삼겠다. 그러나 그가 자연스럽게 혼자 임금 노릇을 할 수는 없으므로 당연히 군사를 파견하여 보호하다가 너희 나라가 안정되기를 기다리겠다'는 말에서 상징적으로 드러난다. 애초 당의 동북 지배는 직접 지배가 아니었다. 그것은 백제를 멸망시켜 의자왕을 폐했지만, 왕자·부여융을 웅진도독으로 세우고 유인원 도호 감독하에 통치를 맡긴 것을 통해서도 엿볼 수 있다.

신라가 형세에 따라 당에 반항하지 않고 처음부터 당의 한반도 침공을 예상하고 당을 배제할 계획이 있었다는 것은 문무왕의 다음 말에서도 엿볼 수 있다. 「신라본기」 문무왕 11년 7월의 기사이다.

(백제와 고구려) 양국이 아직 평정되지 않았던 때 신라는 당의 수족처럼 이리저리 동분서주했습니다. 그렇지만 야수와 같은 양국이 없어진 지금 신라는 당에게 요리되고 침략당할 위험에 처해 있습니다. 백제의 땅에 아직 적이 남아 있는데도 그들은 오히려 한나라 고조에게 상찬받은 옹치雍齒와 같이 상을 받고 있습니다. 당에 희생된 신라는 고조에게 처벌받은 정공과 같이 죄인 취급을 받고 있습니다. 태양이 눈부신 빛을 발하지 않아도 해바라기가 태양 쪽을 향하고자 하는 것과 마찬가지로 신라도 당에 접하고 있습니다. 총관의 천성은 마치 영웅의 훌륭한 기질이며, 장군·재상의 소질을 갖고 있습니다. 이것은 7가지의 덕을 겸비하고 있으면서 9가지 학문의 흐름을 섭렵한 것과 같습니다. 총관께서 천벌을 정중히 행사할 때 함부로 죄가 아닌 죄를 더하시겠습니까? 천자의 병사가 출진하기 전에 먼저 그 원인을 잘 구명하는 것이 중요합니다. 저는 감히 배반하지 않았음을 진술하는 것입니다. 청컨대 총관께서 스스로 심의·판단하시기 바랍니다. 이에 자세한 내용을 글로 진언하는 바입니다.

계림주대도독 좌위대장군 개부의동삼사 상주국 신라왕 김법민 아룁니다.

이는 신라는 백제와 고구려 두 나라를 정벌하기 위해 당의 명령대로 전장을 돌아다녔는데, 양국이 정벌된 후에는 신라가 당에게 토사구팽을 당하게 되었다는 것이다. 그러나 이것은 어디까지나 신라에게 좋은 기회임을 암시한 말에 지나지 않는다. 당의 입장에서 생각해 보면 신라는 당의 군사력이 있었기 때문에 백제를 정복할 수 있었고, 따라서 백제의 옛 영역을 당의 통치하에 두는 것은 당연했다. 그런데 신라는 옛 백제령을 신라의 영역으로 차지하려는 전투 행위를 계속 진행하고 있었던 것이다.

'순한신라殉漢新羅, 이견정공지주已見丁公之誅', 즉 당을 위하는 신라는 이미 정공처럼 죽임을 당하게 되었다는 표현이 나온 것은 당의 야욕 때문만이 아니다. 백제·고구려 멸망 후에 신라가 한반도의 통일을 완수하기 위해 일어나야 할 것이 일어난 것이다. 문무왕 법민이 신라가 성실하다는 것을 당에 표명하면 할수록 그 말의 진위가 명백해진다. 이것을 당도 감지하여 신라의 변명은 무시되었고, 나당 양국 간에 전투가 벌어지게 되었다. 다음은 「신라본기」 문무왕 11년 9월부터 10월의 기사이다.

9월, 당의 장군 고간高侃 등이 번병蕃兵 4만 명을 이끌고 평양에 이르렀다. 그들은 도랑을 깊게 파고 성루를 높이 쌓고 대방군을 침입했다.

겨울 10월 6일, 신라는 당의 조선漕船 70여 척을 격파하고, 낭장郎將 겸 이대후鉗耳大侯와 사졸 100여 명을 잡았다. 그 외에 익사한 자는 수를 헤

아릴 수 없을 정도로 많았다. 가장 큰 전공을 세운 급찬 당천當千을 사찬으로 올려 주었다.

이런 사태가 문무왕대에 이르러 갑자기 발생했다고 보기는 어렵다. 무열왕 시대부터 준비되어 온 신라의 행동으로 볼 수밖에 없다.

7세기 후반 한반도는 마치 전국시대와 같았다. 이런 시기에 한 영웅이 자신의 포부를 가슴에만 담아두고 있었더라면 결코 실현될 수 없었을 것이다. 평화로운 시대에도 천수를 다하지 못하는 병사, 사고사는 일어난다. 하물며 전국시대를 살아가는 사람들은 죽음의 그림자에 더 친숙한 법이다. 따라서 김춘추는 신라의 장래 설계를 혼자서 계획하지 않고 자식, 특히 적자인 법민에게 때때로 의논했을 것이다. 그리고 자신과 법민을 지지하는 세력과 상담했을 것이다. 즉 김춘추·김법민·김유신은 공동의 목표 아래 각자의 역할을 수행하고 있었다고 생각된다. 당과 연합군을 편성하면서도 장래에 반드시 신라와 당 사이에 전쟁이 일어날 것에 대비해 항상 대책을 세우고 있었다.

신라의 생존 방법은 당이 고구려를 완전히 압제하기 전에 당과 우호 관계를 맺으면서도, 질기게 당에 대항 노선을 취하는 방법 외에는 없었다. 당이 고구려를 단독으로 압제해 버리면 고구려를 첨병으로 삼아 백제, 신라순으로 정복해 올 수 있었기 때문이다. 당의 입장에서는 이것이야말로 이상적인 형태였다. 그러나 수 이래 몇 차례에 걸쳐 고구려 원정을 단행했지만 완전히 정복할 수 없었다. 이러한 상황에서 신라의 군사력을 고구려의 정복에 이용할 수 있다는 것은 당에게는 고마운 일이 아닐 수 없었다.

신라는 전부를 걸어야 했다. 그냥 좌시하고 있으면 결국 당의 동북 정책에 희생될 것임을 분명히 알고 있었다. 그러나 백제 문제를 당의 군사력을 빌려 해결하고 한반도 남부를 통일한다면, 지금보다 세력을 신장시킬 수 있었다. 또한 당과 동맹국이라는 위치도 확보할 수 있었다. 따라서 고구려전에 그다지 전력을 할애하고 싶지 않다는 것이 속내였지만 그것을 겉으로 표현하지는 않았다. 어디까지나 당에 협력하는 자세를 보여 당의 신라 침략을 지연시켜야 했다.

당의 동북 정책을 보면 완전 제압이라고 하면서도 사실은 옛 왕족의 위탁 지배를 허가하고 있었다. 즉, 고구려 원정은 군사적으로 우위에 있으면서 고구려를 직접 지배하려는 것이 아니었다. 원래 고구려 왕족에게 국정 운영을 허가해 주는 정책을 썼기 때문에 결국은 고구려가 당에 반항하는 것을 용인한 셈이 되었다.

백제·고구려 정복 이후 당이 간접 지배 방식을 취한다면 신라는 어떻게 해서든 백제·고구려 영역에 대한 간접 지배 주도권을 쥐고, 충분히 당에 대항할 수 있는 정권을 세우는 것이 김춘추(무열왕)·김법민(문무왕)·김유신 3인이 그린 그림이지 않았을까? 물론 법민의 후임자로 당에 파견된 인문도 그 계획에 가담하고 있었음은 틀림없다.

김춘추의 생각대로 모든 일이 움직여 주지는 않았을 것이다. 그러나 결과적으로 신라가 한반도를 통일했고, 일단 끌어들인 당의 세력을 축출하는 데에도 성공했다. 이것을 우연이나 행운이라는 말로 대신하기는 어렵다.

김춘추는 직접 당에 갔고, 고구려·일본도 자세히 견학했으며, 대백제전에도 출정했다. 결코 왕궁의 구석에 무게만 잡고 앉아서 명령만 내린 왕이 아니었다. 또한 그의 아들들도 신라 국내에서만 성장한 것이 아니라 당이라는 대제국의 황제 측근에 있으면서 실질적으로 유학했다. 그들은 젊은 흡수력으로 당의 사회제도, 군제 등을 직접 체득했다. 당연히 그들은 당의 인질이기도 했다. 그러나 아버지 김춘추로부터 받은 임무는 인질의 역할을 수행함과 동시에 당의 문화를 흡수하고, 정보를 수집하는 것이었다. 그들은 단순히 국가의 희생자가 아닌 당으로부터 군대를 끌어내어야만 하는 존재였다. 그들의 역할은 실로 중요했다.

김춘추의 입장에서 가장 행운이었던 것은 동시대에 김유신이라는 장군이 있었다는 것이다. 『삼국사기』를 읽다 보면 김유신은 철인 같은 무인이다. 몇 번이고 전투에 나가 많은 승리와 패배를 맛보면서도 결코 흔들림없이 거침없이 전장에 나갔다.

신뢰할 수 있는 장군과 우수한 아들들이 있었기 때문에 김춘추는 장기간에 걸쳐 면밀하게 정책을 전개할 수 있었다.

이런 시기에 일어난 백강전투는 일본이 스스로 선택해서 참가한 것처럼 보이지만 사실 그것은 김춘추의 계획 중 하나였고, 신라에게 일본의 참전은 반드시 필요한 것이었다. 백강전투가 거의 당의 수군과 일본 수군의 전쟁이었고 신라의 참전이 없었다는 것도 중요한 포인트이다. 신라에게 백강 해전은 어디까지나 일본과 당이 싸워야 하는 전장이었던 것이다. 백강전투 참전은 신라에게 무의미할 뿐만 아니라 일본의 원망만 살 일이었다. 오히려 일본이 가능한 한 오래 버텨 주면서 지더라도 당의 수군에 큰 손해를 입혀 줄 것을 기대했을지도 모른다.

여기서 처음의 문제로 돌아가면 일본에게는 두 가지 선택이 있었다. 하나는 어디까지나 친당 노선을 관철하는 것이고, 다른 하나는 백제 구원을 위해 백강전투를 벌이는 것이었다. 당의 국력·군사력을 생각하면 전자를 선택하는 것이 현명했다. 그렇지만 신라의 정보 전략, 백제구원군의 연승, 반反 코토쿠 노선이라는 감정론 등의 요인이 일본으로 하여금 후자를 선택하도록 했다. 직접적인 요인을 하나로 정리하는 것은 어렵지만 결과적으로 일본은 김춘추의 원대한 계획대로 움직였다고 할 수 있다.

백제와의 전쟁은 신라를 중심으로 전개되었지만, 대고구려전에서 신라는 어디까지나 보조 부대로서 군대를 그대로 유지시킬 필요가 있었다. 660년에 백제의 사비성을 공격한 것도 백제 유민에게 가능한 한 피해를 주지 않고 백제 왕가만 쓰러뜨려 백제를 멸망시키는 작전이었다고 할 수 있다.

나당연합전이라 해도 한반도 사람들에게 지나친 타격을 주는 것은 신라 장래의 손실이었다. 신라가 한반도를 통일하면서도 지나치게 파괴해선 안 된다는 난제를 해결한 인물이 김유신이라고 할 수 있다.

당이라는 강대한 제국이 탄생하지 않았다면 신라는 백제·고구려에 압도되어 가야 지역과 같은 운명에 처했을지도 모른다. 또는 수나 당나라가 동북 정책을 방기하고 있었다면 고구려는 강대한 국가가 되고, 이에 백제와 신라가 연합하는 일이 있었을 수도 있다. 반면 고구려가 백제와 손을 잡으면 신라는 일본과 연합할 수밖에 없고, 일본 정권에도 커다란 영향이 미쳤을 것이다.

역사에는 '만약'은 존재하지 않는다고 한다. 하지만 미래는 늘 선택의 기로에 놓여 있게 마련이다. 642년 김춘추에게도 몇 가지 선택의 기로가 있었을 것이다. 그가 선택한 길은 필자가 추측한 것과 같지 않았을까?

역자 후기

김춘추, 그는 한국 고대 최고의 전략가임에는 틀림없다. 그러나 그의 '업적'은 오늘날 엇갈린 평가를 받고 있다. 김춘추는 삼국을 통일한 영웅이라는 평을 받고 있기도 하지만, 당나라를 끌어들여 한민족의 영역을 축소시킨 인물이라는 부정적 이미지도 강하다. 심지어 삼국 통일의 영웅이라는 이미지를 부각시킨 이들이 김춘추의 후손인 신라 왕실이었으며, 결정적으로 『삼국사기』를 쓴 김부식이 김춘추의 이러한 이미지를 굳혔다고 한다.

한편으로 우리는 '신라가 아닌 고구려가 통일했더라면…' 하거나 '만약 고구려가 통일했다면 저 넓은 만주도 우리나라 땅이거늘….'라며 아쉬워한다. 아마 오늘날 동아시아에서 한국이 처한 현실을 잠시만이라도 잊기 위한 달콤한 상상일지 모른다. 그러나 이러한 상상은 소설 소재일 뿐이다. 설령 고구려가 통일했다고해도 오늘날까지 만주가 우리 영토로 남아있었을까?

역사는 결과물을 통해서 전후관계를 해석하는 것이며, 아쉬워한다고 달라지는 것은 아니다. 역사적 인물들에 대한 평가도 마찬가지이다. 객관적 사실관계를 바탕으로 역사적 담론이 형성된 후에야 비로소 정당한 평가를 내릴 수 있다. 저자는 한중일 고대 기록에 남아 있는 김춘추의 자취를 더듬어가며 그의 활동을 삼국통일을 위한 외교적 수완으로 해석했다. 김춘추는 나당연합을 성공으로 이끌었으며, 이 연합은 백제와 고구려의 멸망이라는 결과를 낳았다. 또 일본이라는 제3자의 입장과 움직임에 변화를 가져온 것도 김춘추의 지략때문이라고 주장한다. 이런 점에서 저자는 김춘추에게 당시 동아시아를 움직인 탁월한 외교가이자 삼국통일을 이룩한 시대의 풍운아라는 평가를 내렸다. 우리는 김춘추를 통해서 한국고대사는 물론이고 고대 동아시아사를 종합적이고 다원적으로 바라볼 수 있다.

이 책의 가장 큰 특징은 사건들을 드라마틱하게 전개하고 있는 점이다. 재미있고 박진감 넘치는 고대사 읽기를 시도하였다. 자못 지루해질 수 있는 부분에서는 독자들에게 등장인물들의 생각까지 접근해보는 기회를 제공했다. 저자 자신의 상상력을 동원하여 역사읽는 재미를 더하고 있다. 동시에 사실에 기초한 치밀한 묘사와 서술로 당시의 모습을 생생하게 재현했다. 새로운 역사적 담론의 생산과 고증을 거치고자 노력한 역사가다운 모습들도 곳곳에서 엿볼 수 있다.

이러한 책 구성이나 전개방식은 한국 독자들에게 다소 생소하다. 딱딱하고 지루하다고 인식되던 그동안의 역사서와는 다른 느낌을 받는다. 저자는 일본에서 고대사 연구를 위해 평생을 바쳐왔고, 많은 관련 저서를 출간했다. 모든 저서에서 역사가의 지식은 일반 대중들과 공유해야만 의미가 있으며, 일반인들이 역사에 관심을 갖도록 하는 것이 역사가의 중요한 역할이라고 강조한다. 일본인들에게는 생소한 김춘추라는 인물을 다룬 이 책이 일본에서 출간되고, 새로운 지식과 역사의식을 갖게 하였다고 많은 호평을 받는 이유도 저자의 이러한 노력 때문이다.

역자는 처음 이 책을 접하자마자 바로 번역하기로 마음먹었다. 김춘추라는 한 인물에 대해서 어떻게 이렇듯 색다르고 풍부한 이야기를 담아낼 수 있을까? 일본 학자의 시각이기 때문이라고 단순히 치부하기에는 정말 신선한 역사경험이었다. 나아가 저자는 일본학자들의 잘못된 고대사 인식에 대한 지적도 서슴치 않고 있다. 일본의 잘못된 고대사 인식과 논리를 비판적으로 검토하여 한국의 역사인식과 주변국의 역사인식이 얼마나 다른지를 단적으로 보여주고 있다.

한동안 '본업'인 고대한일관계사 글을 쓰고 싶어도 시간과 연구가 부족해서 괴로워하고 있었다. 마침 역자에게 다시 활력을 불어넣는 기회를 주신 나카무라 슈야 선생님께 깊은 감사를 드린다. 또 어려운 여건 속에서도 전문서적의 출판을 맡아주신 역사공간 주혜숙 대표님에게도 고마운 마음을 금할 길이 없다.

공주에서 박재용

고대 최고의 외교전략가 김춘추

초판 1쇄 인쇄 2013년 6월 1일
초판 1쇄 발행 2013년 6월 10일

지은이   나카무라 슈야
옮긴이   박재용
펴낸이   주혜숙
펴낸곳   역사공간
　　　　　서울시 마포구 서교동 463-31 플러스빌딩 3층
　　　　　전화 : 02-725-8806~7, 02-325-8802
　　　　　팩스 : 02-725-8801
등록　 2003년 7월 22일 제6-510호
ISBN 978-89-98205-15-7 03900

*잘못된 책은 바꿔 드립니다.
가격 12,800원